Josef Schreiner
Rainer Kampling

Der Nächste – der Fremde – der Feind

echter

Die Reihe Neue Echter Bibel – Themen wird herausgegeben von Christoph Dohmen und Thomas Söding

Die Deutsche Bibliothek – CIP-Einheitsaufnahme

Schreiner, Josef:
Der Nächste – der Fremde – der Feind : [Perspektiven des Alten und Neuen Testaments] / Josef Schreiner ; Rainer Kampling. – Würzburg : Echter, 2000
(Die Neue Echter Bibel : Themen ; Bd. 3)
ISBN 3-429-02169-3

Satz: Echter Druck, Würzburg
Druck und Bindung: Clausen & Bosse GmbH, Leck
ISBN 3-429-02169-3

Inhalt

Altes Testament 9

Menschliches Zusammenleben in der Sicht des Alten Testaments . . 11

A. Der Nächste 12

1. Ordnung menschlichen Zusammenlebens 12
2. Der Mensch in der Nähe 14
3. Unter dem erklärten Rechts- und Heilswillen Gottes 17
4. Das Gebot der Nächstenliebe 21

B. Der Fremde 24

1. Aufenthalt außerhalb des angestammten Lebensraums 24
2. Fremd im eigenen Volk und Land 26
3. Liebe zu den Fremden 31
4. Distanziert, unbefugt und unberechtigt 33
5. Ausländer, die ins Land kommen 35
6. Fremde in die Gemeinschaft einbinden 36

C. Der Feind 40

1. Feinde des Volkes als Strafe Jahwes 40
2. Rettung vor den Feinden Israels durch Gott 43
3. Feinde Gottes 45
4. Persönliche Feinde: Realität und Projektion 47
5. Überwindung von Feindschaft 50

Neues Testament 55

A. Der historische, politische und kulturelle Kontext 57

1. Vorbemerkung 57
2. Gastfreundschaft und Fremdenfurcht – Feinde und Nächste
Versuch einer Konkretisierung 60

B. Die zwischentestamentarische Zeit des Judentums –
Die Psalmen Salomos als Beispiel 66

1. Vorbemerkung 66
2. »Schlimmer als die Heiden« –
Zum Feindbild der Psalmen Salomos 69
3. Die Wahrnehmung der Fremden oder der Versuch,
die Realität zu bewältigen 71
4. Der Verlust des Nächsten –
Die Neudefinition der Zusammengehörigkeit 74
5. Zusammenfassung 75

C. Der Bote des freundlichen, nahenden Reiches Gottes
Jesus von Nazaret und die Jesusüberlieferung 76

1. Jesus – die Einheit von Leben und Verkündigung 76
2. Die großen Worte – Zwei Beispiele aus der Jesusüberlieferung 87

D. Heimisch in der Fremde –
Zur Situation der frühen Gemeinden 94

1. Vorbemerkung 94
2. Die Fähigkeit zur Gemeinschaft 95
3. Offenheit und Isolation. Der Selbstfindungsprozeß der
frühen Gemeinden 98
4. Rückblick 101

E. Von der Schwierigkeit, freundlich zu sein –
Ein gegenwärtiger Rückblick 103

Dialog 105
Altes Testament (Josef Schreiner) 107
Neues Testament (Rainer Kampling) 110

Anhang 113
Anmerkungen 115
Literaturverzeichnis 120
Abkürzungsverzeichnis 122

Altes Testament

Josef Schreiner

Menschliches Zusammenleben in der Sicht des Alten Testaments

Das Verhältnis zu den Mitmenschen und das Verhalten ihnen gegenüber ist entscheidend für den Bestand und das Leben jeglicher menschlichen Gemeinschaft. Das ist keine abstrakte theoretische Behauptung. Alle Völker, jedes Staatsgebilde, die Stämme, Sippen und Familien wissen es aus Erfahrung. Dem Einzelnen wird es bewußt während seiner Aktivitäten und an den Folgen seines Tuns sowie durch das Handeln und die Reaktionen derer, denen er begegnet, mit denen er konfrontiert ist, die auf ihn und seine Lebensumstände einwirken. Die mitmenschlichen Beziehungen sind gewiß vielfältig. Aber vielleicht lassen sie sich doch, wenn es um den Einzelmenschen und sein Gegenüber geht, in drei wesentlichen Grundrichtungen ausdrücken: Nähe, Ferne, Gegensatz.

Unter den Völkern der Alten Welt hat sich auch Israel mit diesem Fragenkreis beschäftigt. Es hat Überlegungen, Antworten und Anweisungen zu Verhalten und Handeln in seine heiligen Schriften geschrieben. Denn Israel hat das Problem der mitmenschlichen Beziehungen vor seinem Gott bedacht, der sich nach Israels Überzeugung kundgetan und zu diesem Volk eine besondere Verbindung geknüpft hatte. Dieses Verhältnis hatte Folgen für das praktische Leben und verlangte, Konsequenzen für das Zusammenleben innerhalb dieses Volkes und für die Haltung und Einstellung zu den Außenstehenden zu ziehen.

Was die heiligen Schriften Israels über die Beziehungen zu den Mitmenschen zu sagen haben, ist für einen Christen von großer Bedeutung; denn die entsprechenden Texte sind Teil seiner Bibel, auf die sein Glaube und seine Lebensgestaltung aufbauen. Das Neue Testament fußt darauf, übernimmt, führt weiter.

A. Der Nächste

Der Begriff »der Nächste«[1] ist, soweit er den religiösen Bereich betrifft, vom alttestamentlichen Gebot der Nächstenliebe her bekannt und weitgehend auch vertraut. Er ist ein Schlüsselwort menschlichen Verhaltens, das schnell ausgesprochen, jedoch nicht vom Wort her inhaltlich eindeutig festgelegt und nur scheinbar leicht zu verstehen ist. Es ist ein formaler Begriff, der nicht von sich aus sagt oder bestimmt, wer damit bezeichnet, wer mit ihm gemeint ist. Auch die Art der Beziehung ist mit diesem Wort nicht eindeutig festgeschrieben. Es ist aber, wie sich zeigen wird, für sein Verständnis von Belang, daß es sich von einem Gebot aus als religiöser Begriff eingeprägt hat.

1. Ordnung menschlichen Zusammenlebens

Niemals hat ein einzelner ganz für sich allein und völlig unabhängig existiert. Immer war er in eine kleinere und größere Gemeinschaft eingebunden. In griechischer Philosophie sieht man in ethischer Hinsicht das Zusammenleben in »konzentrischen Kreisen, in deren Mittelpunkt das Ich des Menschen steht«[2]. Seit Menschen miteinander leben, müssen die gegenseitigen Beziehungen bedacht und, wo nötig, geregelt und in feste Formen gebracht werden. Das ist um so mehr notwendig, je weiter sie sich vom engsten Kreis der Familie in größere Verbände hinein erstrecken. Hier tauchen Schwierigkeiten und Probleme auf, die der Lösung und Klärung bedürfen. Schon in alter Zeit stand man vor dieser Notwendigkeit. Die Weisheit, welche die Erfahrungen menschlichen Zusammenlebens verarbeitet, und die Gesetzgebung waren gefragt und zugleich herausgefordert, zu sagen und festzulegen, wie man mit dem anderen umgeht. Letztere äußert sich dazu verbindlich in Gesetzen. Im Kodex Hammurapi (1792–1750) von Babylon bestimmt § 1: »Gesetzt, ein Mann hat einen anderen bezichtigt und ihm Mordtat vorgeworfen, hat ihn aber nicht überführt, so wird derjenige, der ihn bezichtigt hat, getötet.« Ähnlich, doch ausführlicher ist die Rechtsvorschrift (§ 2) für den Fall, daß einer dem anderen Zauberei vorgeworfen hat. Eine ganze Reihe weiterer Bestimmungen in kasuistischer Form behandelt das Verhältnis eines Mannes zum anderen. § 206 ist im Blick auf Ex 21,18f. interessant, weil es sich um die nämlichen Sachverhalte handelt: »Gesetzt, ein Mann hat bei einer Schlägerei den anderen geschlagen und ihm eine Verwundung beigebracht, so wird selbiger Mann schwören: Ich habe ihn nicht mit Absicht geschlagen, und wird den Arzt bezahlen.«[3]

Man könnte, beeindruckt von der alttestamentlichen Sicht, der zufolge die Israeliten alle über die zwölf Stämme »Kinder Jakobs« waren, meinen, eine gesetzliche Regelung des Verhaltens zueinander sei im Volk Jahwes nicht erforderlich gewesen. Das Alte Testament sagt und bezeugt das Gegenteil. Schon die Söhne des Stammvaters spielen einem von ihnen übel mit und tun ihm Unrecht, wie die Josephsgeschichte breit ausführt. Jakob selber liegt im Streit mit Esau, und ihr Vater Isaak steht bereits im Gegensatz zu seinem Halbbruder Ismael. Das Alte Testament hält schon in der biblischen Urgeschichte mit der Erzählung über Kain und Abel fest, daß es auch unter Brüdern geschehen kann, daß der eine den anderen erschlägt. Und die Darstellung der Geschichte Israels im Alten Testament selber zeigt vielerart Konflikte zwischen den Israeliten auf. Genealogien sind keine Garantie dafür, daß es unter den darin genannten nicht zu Auseinandersetzungen und Gewalttaten kommt. Sie sind im Alten Testament für die Zeit der Stämme und auch in späteren künstlichen Konstruktionen Ausdruck dafür, daß man Beziehungen sucht und festschreiben will. Das Problem des rechten Verhaltens des einen gegenüber dem anderen bleibt.

So nimmt es nicht wunder, daß auch in Israel Rechtsvorschriften gebildet und aufgezeichnet wurden, die regelnd eingreifen. In der Grundschicht des sogenannten Bundesbuches[4] sind einige alte diesbezügliche Rechtsvorschriften überliefert, wie die bereits erwähnte Bestimmung Ex 21,18f., die den Fall regelt, daß bei einem Streit zweier Männer einer den anderen verletzt, so daß dieser zwar nicht stirbt, aber arbeitsunfähig wird und den Arzt beanspruchen muß. »Wenn Männer in Streit geraten und einer den anderen mit einem Stein oder einer Hacke verletzt, so daß er zwar nicht stirbt, aber bettlägerig wird, später aber wieder aufstehen und mit Krücken draußen umhergehen kann, so ist der freizusprechen, der geschlagen hat; nur für die Arbeitsunfähigkeit des Geschädigten muß er Ersatz leisten, und er muß für die Heilung aufkommen.« Über den sozialen Status und das Verhältnis der beiden zueinander wird in dieser Vorschrift nichts gesagt.

Anders ist es bei den Verfahrensvorschriften, in denen es um Haftung für anvertrautes Gut geht (Ex 22,6–14*). Hier handelt es sich offensichtlich um zwei nebeneinander wohnende, Haus und Feld besitzende Männer. »Der andere« wird (V. 7) »Herr des Hauses« genannt. In Dtn 24,10 hat der andere ein Haus, 23,25 einen Weinberg, 23,26 ein Kornfeld. Die beiden sind also Nachbarn. Dies ist auch der Fall, wenn das Dtn gebietet: »Du sollst die Grenzmarkierung zu deinem anderen hin, die die Vorfahren errichtet haben, nicht verrücken«, und den mit einem Fluch belegt, der solches tut (27,17). An diesen Stellen wird für »der andere« das Wort *rea*ᶜ gebraucht. Man darf es mit »Nachbar«, »Mitbürger (in einer Ortschaft)« übersetzen. Es bringt zum Ausdruck, daß derjenige, der so bezeichnet wird, »nahe« ist. »*rea*ᶜ« ist hier der Mensch der sozialen Gemeinschaft, dessen Recht und Besitz bewahrt werden soll«[5]. Daß lediglich ein Israelit gemeint sei, ist nicht gesagt und unter den realen Verhältnissen des Zusammenlebens mit anderen Völkerschaften in Kanaan nicht wahrscheinlich.

2. Der Mensch in der Nähe

Auch die alttestamentliche Weisheit hat Anlaß, sich mit dem Verhältnis und dem Verhalten zum Mitmenschen zu beschäftigen. Denn sie will, aus den gemachten Erfahrungen schöpfend, Rat für den Umgang miteinander geben. Allerdings ist sie nicht nur in Sir, sondern wohl auch in Spr nicht frei von den Einflüssen, welche die Torah auf die Weisheitsschriften ausgeübt hat. Es geht der Weisheitslehre nicht um die Regelung rechtlich relevanter Sachfragen und Streitfälle, sondern um die menschliche Seite des Zusammenlebens. Versucht man im Buch der Sprichwörter zu erfassen, was auf dieser Ebene über den Mitmenschen (*reaʿ*) gesagt wird, so ergibt sich zunächst das folgende Bild.

Wie in den Gesetzen des Bundesbuchs spielt auch im Rat der Weisen der Besitz der Menschen beim Zusammenleben eine wichtige Rolle. Doch handelt es sich nicht um Schwierigkeiten oder Auseinandersetzungen zwischen Besitzenden, sondern um das Verhältnis zwischen Begüterten und Armen. Meist ist es so, daß der Besitz die Zahl derer vermehrt, die in der Nähe dessen sein möchten, der reich ist, weil sie an seinen Gütern teilhaben wollen, aber der Arme keinen hat, der für ihn der Nächste, der Helfende sein will (14,20; 19,4). Der Nächste ist der Notleidende (14,21). Wer aber einem Bedürftigen in seiner Nähe etwas geben kann, soll es sogleich tun und die Gabe nicht bis zum kommenden Tag zurückhalten (3,28). Wird man vom Nachbarn angegangen, Bürgschaft zu leisten für ihn, sollte man vorsichtig sein und ablehnen; denn man würde sich in die Hand eines Menschen geben, der einen dann nicht mehr kennt. Doch ist der Bürge durch sein Wort gebunden, so daß der Weise den Rat gibt: »Reiße dich los, geh eilends hin, und bestürme den anderen« (6,1–3). Bürgschaft leisten war anscheinend besonders problematisch; denn der Weisheitslehrer warnt wiederholt davor und ist der Auffassung, einer, der es tut, sei ohne Verstand (17,18). Die Warnung, die auch noch an anderen Stellen auftaucht, »ist bedingungslos ablehnend, während im Sirachbuch bei aller Kritik gegenüber Auswüchsen die Bürgschaft als eine Hilfeleistung eine größere Würdigung erfährt (vgl. Sir 29,14–26)«[6]. Gewarnt wird davor, daß durch eine Bürgschaft eine Abhängigkeit entsteht, die nur schwer wieder zu lösen ist.

Die persönliche Beziehung zu einem Mitmenschen kann recht verschiedenartig sein. Man darf nichts Böses gegen ihn planen (3,29), Wer ihn verächtlich macht, hat keinen Verstand (11,12). Übereilt und ohne sich vergewissert zu haben einen Streit anzufangen, kann böse Folgen nach sich ziehen. Der andere könnte einen solchen Streitenden bloßstellen (25,8). Es gilt, den Streit ehrlich auszutragen. Verwerflich wäre es, geheime Dinge des anderen in eine Auseinandersetzung hereinzuziehen (25,9). Lieber sollte man sich im Haus des Nachbarn rar machen (25,17). Erfahrung lehrt, daß der, welcher in einen Streit hineingeht, zunächst Recht bekommt; aber der andere faßt dann nach (18,17). Die Warnung, als falscher Zeuge gegen den anderen aufzutreten (24,28; 25,18), entspricht dem Gebot des Dekalogs, muß jedoch nicht von dort übernommen sein, sondern kann auch dem Sippen-Ethos entstammen. Aufrichtigkeit ist willkommen (22,11), nicht aber Schmeichelei (29,5). »Wer den Nachbarn zu laut begrüßt, dem wird es frühmorgens als Verwünschung ausgelegt« (27,14). Doch der Gewalttätige versucht, den anderen durch seine Reden und Machenschaften, auch mit Täuschung (26,19), so zu beeinflussen, daß er auf einen schlechten Weg gerät (16,29). Der Frevler selber hat mit dem, der ihm nahekommt, kein Erbarmen, denn seine Seele verlangt nach dem Bösen (21,10). Im Zusammenleben gibt es naturgemäß auch Reibereien; doch dadurch wird der Charakter eines Menschen gebildet (27,17). Immer aber sollte man prüfen, mit wem man es zu tun hat: Der Gerechte möge, wie der schwierige Text wohl sagen will, Erkundigungen einziehen über seinen Nachbarn (12,26).

Dann wird er sehen, mit wem er nähere Beziehungen aufnehmen kann. Es ist möglich, daß dann ein freundschaftliches Zusammensein entsteht. Jeder will der Freund eines Freigebigen sein (19,6). Besitz vermehrt die Zahl der Menschen, die Freunde eines reichen Mannes sein möchten (19,4). Manche Bekannte sind keine wahren Freunde; sie führen eher ins Verderben (18,24). Aber es gibt auch wahre, wohltuende Herzlichkeit unter Nachbarn (27,9). Ein solcher Mensch »erweist zu jeder Zeit Liebe; als Bruder für die Not ist er geboren« (17,17). Diese herzliche und freundliche Nachbarschaft kann auch über Generationen hin bestehen, wenn die Mahnung beachtet wird: »Deinen Freund und deines Vaters Freund gib nicht auf« (27,10). Schließlich gibt es auch im Rahmen des Staates und seiner Verwaltung Personen, die der König in seine Nähe holt, damit sie ihn unterstützen und daß er sich auf sie stützen kann. Sie erhalten den Titel »Freund des Königs«.

Der weise Jesus Sirach befaßt sich ebenso mit dem Menschen in der Nähe (*plēsíon*, ein Wort, das *rea*ᶜ oft wiedergibt). Er äußert sich auf dem Hintergrund der schon lange oder immer gemachten Beobachtungen über das Zusammenleben, seine Probleme und Möglichkeiten, bedenkt aber dabei auch die Situation in seiner Epoche. So warnt auch er, dem »Nächsten« Unrecht zu tun (10,6), ihm zu zürnen (28,8), durch Verrat von Geheimnissen die Beziehung zu stören (27,18), ihm Vorwürfe zu machen, ehe man ihn über das, was er geäußert haben soll, zur Rede stellt (19,14.17). Sirach mahnt, ihm in der Armut die Treue zu halten (22,23) und ihm in der Not nach Kräften beizustehen (29,1.20), ihm zu borgen (29,14). Denn wer borgt, erweist Liebe (29,1). Der Weise verkennt aber auch nicht, daß der Bedürftige so lange unterwürfig ist, bis er etwas bekommt (29,5). Ebenso schämt sich mancher, dem Bürgschaft geleistet wurde, nicht, sich vor dem Bürgen zu verbergen. Dennoch bleibt Sirach dabei, daß der gute Mensch Bürgschaft leistet (29,14). Ausdrücklich verweist Sirach für das Verhalten dem Mitmenschen gegenüber auf Gottes Gebot (17,14): »Denk an die Gebote und grolle deinem Nächsten nicht!« (28,7).

Seine eigene Zeit und ihre Probleme spiegelt sich sicherlich in verschiedenen Mahnungen. Wenn Sirach sagt, man solle nur antworten, falls man dazu imstande ist (5,12) und so gut es einem möglich ist (9,14), hat er anscheinend die Diskussion und Auseinandersetzung über jüdische und hellenistische Lebensanschauung und Lebensart, in denen sich das Judentum damals befand, im Auge. Die wahre Weisheit kann nur Gott verleihen. »Wer am Gesetz festhält, erlangt die Weisheit« (15,1). »Sie erhöht ihn über seine Gefährten; sie öffnet ihm den Mund in der Versammlung« (15,5). Dabei werden die herrschenden Zustände bedacht, Mißstände und Fehlentwicklungen im Kreis der Nahestehenden bedauert (25,18). Bei allem Festhalten an der Tradition seines Volkes hat Sirach doch einen weiten Horizont. Er sagt: »Das Erbarmen des Menschen gilt nur seinem Nächsten, das Erbarmen des Herrn allen Menschen« (18,13).

Sind persönliche und freundschaftliche Beziehungen in den Aussagen der Texte, die über das Zusammenleben sprechen, zu erkennen, ist man leicht geneigt, statt Mitmensch Freund zu sagen. Oft verfahren die Übersetzungen so. Schon die Septuaginta übersetzt *reaʿ* oft mit *philos.* Es sollte aber beachtet werden, daß die überlieferte Weisheitslehre, wenn auch wohl erst deutlich bei Jesus Sirach, einen Unterschied zwischen dem Nahen und dem Freund macht. Freund ist »der Liebende«, der zu jeder Zeit und insbesondere in der Not Liebe erweist (Spr 17,17). Jesus Sirach kommt häufig auf das Thema Freundschaft zu sprechen und behandelt es unter verschiedenen Aspekten, wobei auch griechisches Gedankengut nachzuweisen ist.[7] Es scheint, als wolle er dafür eintreten, daß in der jüdischen Bevölkerung, die in einer hellenistisch geprägten Welt lebt, jeder für seinen Nachbarn ein wahrer Freund ist, der tätige Liebe erweist.

Auch im Buch Ijob wird zu dem Problem, das der Mitmensch darstellt, Stellung bezogen. Die »Freunde«, die zu Ijob kommen, stehen ihm eigentlich nur in ihrer Auffassung vom Zusammenhang von Tun und Ergehen nahe. Sie wollen ihn trösten, aber streiten in Wirklichkeit mit ihm in harter Diskussion. Die Liebe des Freundes sollte den Verzagten gehören (6,14). Ijob jedoch sieht sich von ihnen verspottet (12,4; 16,20), verschachert und ausgestoßen, so daß er ein Gefährte wilder Tiere wird (30,29). Er bittet sie um Erbarmen (19,21) und vor allem Gott, daß er ihm vor ihnen Recht verschafft (16,21), also ihre Anschuldigung, es geschehe ihm recht, er müsse leiden, weil er gesündigt habe, zurückweise. Dennoch legt er für sie Fürbitte ein (42,10). Er selber bekennt in seinem Reinigungseid, mit dem er seine Unschuld vor Gott beteuert, daß er nicht an der Tür auf die Frau des Nachbarn gelauert (31,9), sich also an das alte Sippenethos gehalten hat.

Überblickt man, was die alttestamentliche Weisheit zu dem Menschen in der Nähe, das Verhalten und das Verhältnis zu ihm, zu sagen hat, so zeigt sich ein weit gespannter Bereich unterschiedlicher Weisen menschlichen Zusammenlebens und in Feststellung und Rat formulierter Anweisungen zum rechten Umgang. Jesus Sirach versucht eine Umschreibung des Begriffs, den wir mit »der Nächste« übersetzen. Er sagt nach dem hebräischen Text (13,15f.): »Jedes Fleisch liebt seine Art, jeder Mensch den, der ihm ähnlich ist. Seinesgleichen hat jedes Fleisch um sich, und mit seinesgleichen verbindet sich der Mensch.« Die griechische Übersetzung (Septuaginta) formuliert

so: »Jedes Lebewesen liebt, was ihm ähnlich ist, und jeder Mensch seinen Nächsten. Alles Fleisch steht in Gemeinschaft mit seinem Geschlecht, und mit seinesgleichen schließt sich der Mann zusammen.« Unverkennbar ist hier der Einfluß von Lev 19,18, einem Gebot, über das noch zu reden sein wird.
Um so dringender ist angesichts dieser inhaltlichen Bestimmung bei Jesus Sirach die Frage nach der Grundbedeutung des hebräischen Wortes (*reaᶜ*), das üblicherweise mit »der Nächste« wiedergegeben wird. In der Forschung ist man sich uneinig darüber, ob es sich um ein Primärnomen handelt, von dem dann das Verbum *rāᶜāh* II abgeleitet ist oder umgekehrt. Jedenfalls bringt das seltene Verbum die Sinngebung »sich einlassen mit«[8], »es mit dem anderen zu tun haben«. Letzteres legen die Bestimmungen des Bundesbuches nahe. So kann das Wort zu einem formalen Begriff, zum pronominalen Gebrauch, in der Wendung »einer den (dem) anderen«, werden, so daß man oft einfach wiedergeben kann oder muß: »einander«. In dieser Weise kann das Wort sogar von leblosen Dingen verwendet werden (Gen 15,10). Als Grundbedeutung darf festgehalten werden: Der Begriff »meint, ohne ein bestimmtes Rechtsverhältnis auszudrücken, denjenigen Menschen, mit dem man durch die Lebensumstände zusammengeführt ist und zusammenlebt«[9]. Je nach dem Kontext, in dem er verwendet wird, kann er, was die Art der Nähe und der menschlichen Beziehungen anbelangt, verschieden gefüllt werden. In welche Richtung sich das Zusammensein der Menschen entwickeln sollte, sagt der weise Sirach: »Drei Dinge gefallen mir, sie sind Gott und den Menschen angenehm: Eintracht unter Brüdern, Liebe zwischen den ›Nächsten‹, Mann und Frau, die einander verstehen« (25,1). Das Verhalten zu den Mitmenschen ist hier auf die Ebene familiärer Beziehungen gehoben. Das kann auf natürlicher Basis so sein. Trägt der Glaube an Jahwe dazu bei?

3. Unter dem erklärten Rechts- und Heilswillen Gottes

Was im Alten Testament an Rechtsvorschriften und Gesetzen überliefert ist, steht unter dem Namen Gottes. Er ordnet an, was zu beachten ist und was geschehen soll. In Israels Umwelt ist dies nicht der Fall. Hier ist es der Herrscher, der die Gesetze und Vorschriften erläßt. Er sieht sich zwar von jeweils verehrten Gottheiten dazu in die Lage versetzt, vielleicht auch beauftragt, handelt aber in eigener Vollmacht. Im Vorwort zu seinem Gesetzeswerk sagt Hammurapi von Babylon: »Als Marduk, um die Leute zu lenken, dem Lande Heil zu erwirken, mich entbot, habe ich Recht und Gesetze in der Landessprache geschaffen, den Leuten Wohlbehagen geschaffen. Zu selbiger Zeit (bestimmte ich).«[10] Dann folgen die Gesetze, in Sachgebieten geordnet und nach Paragraphen gegliedert.
Im Alten Testament erläßt Jahwe selbst alle Gesetze, Gebote und Vorschriften, die er in der Torah seinem Volk gibt. Er verkündet selber den De-

kalog (Ex 20,1). Das sich anschließende Altargesetz teilt er (Ex 20,22) Mose mit, daß er es in seinem Auftrag den Israeliten ausrichte. So geschieht es auch mit dem Bundesbuch: »Das sind die Rechtsvorschriften, die du (Mose) ihnen vorlegen sollst« (Ex 21,1). Ebenso verhält es sich mit dem deuteronomischen Gesetz, dem Heiligkeitsgesetz und allen anderen gesetzlichen Vorschriften, die im Pentateuch stehen. Oft ist dabei der Text in die Rede Jahwes gewendet. Mose ist nur der Sprecher, Gesetzgeber ist allein der Herr[11], der eine Gott Israels, der einzige Gott. Diese Verfahrensweise hat Konsequenzen für die Art, wie der Mitmensch gesehen und beurteilt wird, wie auch für das Verhalten ihm gegenüber.

Das zeigt sich bereits im Bundesbuch. Hier sind die Gesetze, die wohl einem Grundbestand profaner Gesetzgebung zuzurechnen sein dürften, unter die Autorität Jahwes gestellt. Er will also, daß dem Nachbarn und Mitbürger so begegnet wird, wie es diese Vorschriften bestimmen. Mit ihnen recht umzugehen, ohne sie zu benachteiligen und sich auf ihre Kosten Vorteile zu verschaffen, ist sein Wille. Israel hatte Jahwe am Anfang seiner Geschichte als einen Gott erfahren, der in dieser Weise an ihm gehandelt hatte. Es ist in dieser »gottesrechtlichen Redaktion«[12] nicht nur sachliche Regelung strittiger Verhaltensweisen angestrebt, sondern auch bereits durch die Jahwerede, in der die Bestimmungen verkündet werden, der Anruf eingebracht, auf Gott zu schauen, sein Handeln zu bedenken, sich davon motivieren zu lassen und es in entsprechender Weise nachzuahmen.

Das wird in den Gesetzen über den Umgang mit dem Nachbarn, die im Bundesbuch stehen, nicht direkt ausgesprochen, wohl aber in anderen dort enthaltenen Bestimmungen ausdrücklich mit dem Hinweis, daß die Israeliten Fremde in Ägypten gewesen sind (Ex 22,20; 23,9) und sich Jahwe ihrer angenommen hat. Doch in den Rechtsvorschriften über Haftung für fremdes Eigentum (22,8–14) ist die Bestimmung aufgenommen, daß in Fällen, in denen etwas einem Hausbesitzer zur Aufbewahrung übergeben wurde und abhanden gekommen ist bzw. gestohlen wurde, der Sachverhalt aber nicht geklärt werden kann, der Hausbesitzer vor Gott (22,7f.) durch einen Eid beim Namen Jahwes (V. 10) seine Unschuld beteuert. Und wo es darum geht, dem Mitbürger das einbehaltene Pfand noch vor Sonnenuntergang zurückzugeben (22,25), fügt der Herr hinzu: »Wenn er zu mir schreit, höre ich es; denn ich bin gnädig« (V. 26). Hier drückt sich das Mitfühlen, das Mitleid des Herrn aus. So ist in der ältesten im Alten Testament überlieferten Gesetzessammlung der Mitmensch unter den Schutz Jahwes gestellt, in Bereichen, die seine Existenzmöglichkeit betreffen, von ihm rechtlich abgesichert und dem Mitgefühl derer, die mit ihm zu tun haben, empfohlen. Ex 22,26 verwendet das Grundwort »gnädig« der alten Bekenntnisformel von Ex 34,6. Auf sie wird im Alten Testament öfter angespielt. Ps 116,5 und wohl Ps 112,4 fügen den dort zitierten Eigenschaften Jahwes »gnädig und barmherzig« noch »gerecht« hinzu. Man darf wohl annehmen, daß mit der Anführung des Grundwortes »gnädig« auch auf die anderen Begriffe, auf Jahwes positive Einstellung den Menschen gegenüber verwiesen werden soll, auf seine Barmherzigkeit, Langmut, Huld und Treue. Der Mensch sollte seinem Mitbürger gegenüber ebenso eingestellt sein. Die zitierte Begründung für die Forderung, das Pfand noch vor Sonnenuntergang zurückzugeben (Ex 22,25), erinnert an Dtn 24,10–13.

Deuteronomische Gesetzgebung und Theologie hatten Anlaß, sich aus ihrer Sicht mit den Problemen, die sich auch in ihrer Zeit aus dem Zusammenleben der Menschen ergaben, zu befassen. Dabei war der Blick zuerst und zunächst auf das eigene Volk gerichtet. Die Menschen in der Nähe, mit denen man es zu tun hatte, waren das eigene Volk im Staat Juda, das Jahwe, den Gott Israels, verehrte.

Im Deuteronomium werden unter dieser Sicht Sachverhalte aufgegriffen, die auch das Bundesbuch (Ex 21,1–23,33) beschäftigt hatten. Es geht auch hier um Eigentumsverhältnisse. Der Dekalog, der aus Geist und Sprache des Deuteronomiums, wie die neuere Forschung gezeigt hat, geformt ist[13], kommt im 7. und 10. Gebot darauf zu sprechen. Diebstahl wird ganz allgemein untersagt (Dtn 5,19). Aber bei diesem generellen Verbot bleibt es nicht. Alle Machenschaften, das Eigentum des Mitbürgers ganz oder teilweise an sich zu bringen und schon das anfängliche bloße Begehren nach seinem Haus und Feld, seinen Sklaven und Sklavinnen, seinem Rind oder Esel, seinem Besitz insgesamt werden untersagt (V. 21). Als Einzelfall aus den Vergehen gegen das Eigentum des anderen ist herausgehoben: »Du sollst die Grenzmarkierung zu deinem Nachbarn hin, die deine Vorfahren errichtet haben, nicht verrücken« (19,14). Ein solches Vergehen, das die Lebensgrundlage einer Familie wegnimmt oder schmälert, wird unter den Fluch gestellt: »Verflucht, wer den Grenzstein seines Nachbarn verrückt« (27,17).

Um die Möglichkeit zu überleben, geht es auch in anderen Bestimmungen, die den Besitz eines Begüterten betreffen. Ein Mitbürger hatte ein Darlehen erhalten. Im 7. Jahr, in dem die Ackerbrache eingehalten werden muß, erntet er nichts. »War die Ernte eingebracht, pflegte man auch die Schulden abzutragen«, was dem Darlehensempfänger in diesem Jahr nicht möglich ist. Jahwe »sichert nun menschlichem Vertragsrecht die soziale Dimension: Gott befreit den Armen«, den Mitbürger, gegen den man nicht mit Zwang vorgehen darf (15,2), daß er, ein Israelit wie der Geber des Darlehens, »wieder teilhabender Bruder wird«[14]. Die Forderung, ihn als Bruder zu achten, drückt sich auch in der Vorschrift aus, das Pfand für ein Darlehen nicht aus dem Haus des Mitbürgers zu holen, sondern es von ihm herausbringen zu lassen (24,11), damit ihm nicht etwas weggenommen wird, was er dringend braucht. Auch die Bestimmung über »Früchte am Weg« (23,25f.) liegt auf dieser Linie. »In Israel hat Landbesitz immer eine soziale Funktion. Das Deuteronomium gestattet deshalb sogar den ›Mundraub‹ jedes Israeliten, der an Weinberg (25a) und Kornfeld (26a) zufällig vorbeikommt, schützt aber den Besitzer vor Mißbrauch dieser Gastfreiheit (25b.26b).«[15] Dieser wird hier als »der Nächste« bezeichnet.

Der Schutz der Person und der persönlichen Sphäre des Mitmenschen wird

im deuteronomischen Recht verstärkt gefordert. Mord ist generell untersagt (5,17). Der vorsätzliche Mörder darf der Strafe nicht entrinnen (19,11–13). Heimlicher Mord steht unter dem Fluch (27,24): Die Gemeinde distanziert sich von dem Täter und überantwortet ihn einer zerstörenden Kraft, die Gott in ihn eindringen und sich in ihm auswirken läßt. Doch wird der, welcher einen anderen versehentlich tötete, auch vor Rache und Verfolgung geschützt (19,1–10). Ehebruch (5,18), wie er dann im Gesetzesteil näher bestimmt wird, ist verboten. Doch auch das Verlangen nach der Frau des anderen, das innerliche Begehren und alles, was es zum Ausdruck bringt, ist untersagt. Ehebruch verletzt die Zugehörigkeit von Frau und Mann, fällt vom Mann her, in der patriarchalischen Gesellschaft betrachtet, unter den Bereich Verletzung des Eigentumsrechts. Jedoch ist bemerkenswert, daß die Frau im deuteronomischen Dekalog eigens gestellt und nicht in die Beschreibung des Besitzes eines Mannes einbezogen ist.
An Vergehen gegen den anderen, mit dem man es zu tun hat, wird im Dekalog auch die Falschaussage vor Gericht (5,21) verboten. Mit diesem Verbot ist nicht irgendeine harmlose unrichtige Behauptung gemeint, sondern eine Anschuldigung zum Schaden und Nachteil des anderen, insbesondere geht es um eine Anklage vor Gericht, die den Tod des Angeklagten fordert oder nach sich zieht. Darauf weist das Stichwort »falscher Zeuge« hin. Es wird 17,6 erläutert: »Wenn es um Leben und Tod eines Angeklagten geht, darf er nur auf die Aussage von zwei oder drei Zeugen hin zum Tod verurteilt werden.« Und eine genaue amtliche Untersuchung muß angestellt werden. »Wenn sich dann zeigt: Der Mann ist ein falscher Zeuge, er hat seinen Bruder fälschlich bezichtigt, dann sollt ihr mit ihm so verfahren, wie er mit seinem Bruder verfahren wollte. Du sollst das Böse aus deiner Mitte wegschaffen« (19,18). Hier tritt der Grundsatz der Entsprechung, das sogenannte Talionsrecht in Kraft (V. 21).
Insgesamt hat das Deuteronomium den Schutz des Nachbarn, Mitbürgers, Mitmenschen ausgeweitet. In ihnen sieht es die Mitglieder des Volkes Israel. Auch deshalb verlegt es die deuteronomische Gesetzgebung in die Steppen von Moab, an die Schwelle des verheißenen Landes, wo Israel noch als geschlossene brüderliche Gesellschaft vor Gott steht und nicht wie dann in Kanaan mit anderen Völkerschaften zusammen wohnt. Es vertieft aber auch die Vorschriften, die den in diesem Sinn Nächsten betreffen. Nicht nur die äußere gute Tat, sondern auch die innere Haltung zu seinen Gunsten wird verlangt. Nicht nur böses und nachteiliges Handeln ihm gegenüber wird verworfen, sondern auch die korrekte Haltung und die wohlwollende Gesinnung werden angemahnt. Beides ist bereits im Grundgesetz, in den Zehn Geboten festgeschrieben. Hinzu kommt, daß der »Nächste« in die brüderliche Gesellschaft, die das Deuteronomium verwirklicht sehen möchte, einbezogen ist. Eine Bestimmung, die der Anstiftung zum Abfall von Jahwe wehren will, bringt dies so zum Ausdruck: »Wenn dein Bruder, der dieselbe Mutter hat wie du, oder dein Sohn oder deine Tochter oder die Frau, mit der du schläfst, oder einer, der dir nahesteht, der dir wie dein eigenes Leben

gilt, dich heimlich verführen will«, »dann sollst du nicht nachgeben und nicht auf ihn hören« (13,7.9). Der Text spricht von einer engen Freundschaft zwischen einem Mann und seinem »Nächsten«. Sie hat ihre absolute Grenze, wo die Verehrung Jahwes in Gefahr gerät. Dann gilt der Befehl des Mose, den er nach dem Tanz des Volkes um das Goldene Kalb als Jahwes Anordnung ausgesprochen hat: »Jeder erschlage seinen Bruder, seinen Freund, seinen Nächsten« (Ex 32,27).
Verfehlungen gegen den Nächsten werden auch in prophetischen Texten gerügt, besonders im Jeremiabuch, auf das die deuteronomische Theologie und Sprache stark eingewirkt hat. So werden verurteilt Ehebruch (Jer 3,20; 5,8; 29,23), Benachteiligung in Rechtsverfahren (Jer 7,8), Betrug (Jer 9,7), Verleumdung (Jer 9,7), Täuschung (Jer 9,4.7; 34,15), Planung böser Machenschaften (Sach 8,17), Ausnützung durch unbezahlte Arbeit (Jer 22,13), Verfolgungen im Zorn (Hab 2,15). Trübe Erfahrungen stecken hinter der Warnung: »Traut eurem Nachbarn nicht« (Mi 7,5) und der Drohung: »Seht, jeden Menschen liefere ich seinem Nachbarn aus » (Sach 11,6). Das Verhältnis zu den Mitmenschen wird von den Propheten beobachtet. Sie sehen die Probleme des menschlichen Zusammenlebens und verurteilen im Jahwewort Verfehlungen.

4. Das Gebot der Nächstenliebe

Die rechte Haltung gegenüber dem Menschen, mit dem man es tun hat, ist im Alten Testament in Rechtsvorschriften, Verboten, Sätzen weisheitlicher Erfahrung und auch im prophetischen Scheltwort umschrieben. Es gibt auch Erzählungen, an denen abgelesen werden kann, wie sie sich im Leben praktisch verwirklichen läßt, etwa in den Geschichten über Davids Umgang mit Saul und Jonatan (in 1 Sam 18–31). Geboten wird sie in einem befehlenden Satz, der im sogenannten Heiligkeitsgesetz (Lev 17–26) steht und zugleich als eine hohe Anforderung erscheint. Das Heiligkeitsgesetz ist wohl, wie das deuteronomische Gesetz im Verbund mit dem Deuteronomium, im Zusammenhang mit der Priesterschrift entstanden. Jedenfalls ist es in ihr überliefert, also in ihrer Zeit und Situation geortet. Die Priesterschrift legt in exilischer Zeit mit diesem ihrem Gesetzeskorpus einen Entwurf für das Leben Israels nach der Rückkehr in das Land der Verheißung vor. Sie versetzt dazu Israel an den Sinai, wo Israel als geschlossene Gemeinschaft die Weisungen Jahwes empfängt, die dann in seinem Land befolgt werden sollen. Das bedeutet, daß Israel als Gemeinde des Herrn im Blick steht. Diese Tatsache hat Konsequenzen für die Beantwortung der Frage, was mit »der Nächste« (*rea*ᶜ) konkret gemeint sei. Nachbarn aus anderen Völkern kommen hier nicht in Sicht.
Vom Nächsten wird, abgesehen von dem übernommenen Ehebruchsverbot (Lev 20,10, vgl. Ex 20,14; Dtn 5,18; 22,22), dreimal gesprochen (Lev 19,13.16.18). Alle Stellen stehen in einem Abschnitt über das soziale Ver-

halten (V. 11–18) in Lev 19. Dieses Kapitel holt »in einer umfangreichen, aber bei weitem nicht so ins Detail gehenden Zusammenstellung alles nach, was an Pflichten gegenüber Gott und dem Nächsten im täglichen Leben für die Gemeinde wichtig ist«[16]. Verbote, wie sie bereits im Bundesbuch, Dekalog und Deuteronomium wörtlich oder ähnlich stehen, werden hier verkündet und viermal mit der Formel geschlossen: »Ich bin der Herr« (V. 12.14.16.18). Gewichtig steht am Ende: »Du sollst deinen Nächsten lieben wie dich selbst« (V. 18).

Man darf sicherlich sagen, daß in ihm zusammengefaßt und ins Positive gewendet ist, was in diesem Abschnitt verboten wird. Nächstenliebe bedeutet zuerst, alles Unrechte, Schädliche und Nachteilige gegenüber dem Mitmenschen zu unterlassen und zu meiden. Hervorgehoben sind Ausbeutung und Verletzung des Eigentums (V. 13) und falsche Anklage vor Gericht, die das Leben des Nächsten fordert (V. 16). Es zeigt sich, daß das Gebot, den Nächsten zu lieben, ohne Einbeziehung der ihm vorausgehenden gesetzlichen Vorschriften und Verbote nicht hinreichend verstanden wird. Am Ende aber wird noch ein besonderer Akzent gesetzt. Das Gebot der Nächstenliebe folgt auf die Sätze: »Du sollst in deinem Herzen keinen Haß gegen deinen Bruder tragen. Weise deinen Stammesgenossen zurecht, so wirst du seinetwegen keine Schuld auf dich laden. An den Kindern deines Volkes sollst du dich nicht rächen und ihnen nichts nachtragen« (V. 17.18). Hier wird »zu einer tieferen Schicht vorgestoßen, als es in den anderen Weisungen geschieht. Es wird ein Verhalten von Mensch zu Mensch geordnet, das sich an und für sich jeder äußerlichen gesetzlichen Regelung entzieht. Nicht die Tat an sich oder der Vorsatz zu einer bestimmten Tat wird als Fall einer gesetzlichen Regelung ins Auge gefaßt, sondern es wird eine Grundnorm gegeben. Es wird das Fundament für das Tun und Lassen der Genossen des Bundes untereinander gelegt, d. h. die rechte innere Stellungnahme gegenüber den anderen Genossen gefordert«[17].

Um denjenigen zu bezeichnen, dem diese Haltung entgegengebracht werden soll, ist der Begriff »der Nächste« gewählt. Es ist der Mensch, der durch die Lebensumstände und die aktuelle Lage nahe ist. Die Einstellung zu ihm kann auch Freundschaft sein, die in persönlicher Verbundenheit und in Liebe erwiesen wird. Nicht familiäre Bindung soll ausschlaggebend sein. Das Wort »Bruder«, das auch im weiteren Sinn gebraucht werden kann, ist nicht aufgegriffen. Es soll der bezeichnet werden, den Gott nahegebracht hat, jeden, der zum Volk des Herrn gehört. Denn in Lev 19,17.18 ist »der Nächste« (*reaʿ*) Wechselwort für »Stammesgenosse« (*ʿāmīt*), »Kinder deines Volkes« (*b*ᵉ*nē* »*ʿamm*ᵉ*kā*) und auch für »Bruder« (*ʾaḥ*). Ihnen, wie sie auch immer genannt werden, ist Liebe zu erweisen.

Das Gebot der Nächstenliebe ist begründet mit: »Ich bin Jahwe«. Hier spricht der unbedingt gebietende Wille Gottes. Der Begründungssatz weist aber auch auf den Anfang des Kap. 19 zurück: »Seid heilig, denn ich, der Herr, euer Gott, bin heilig« (V. 2). Unter diesem Appell »heilig sein« stehen alle Anweisungen des folgenden Textes. Er »meint zunächst einfach das jahwegemäße Verhalten. Auch wenn Jahwe selbst als heilig bezeichnet wird (2b), so meint das in diesem Zusammenhang primär kaum etwas anderes als seine Besonderheit, sein Anderssein als alle Welt. Aber eine gewisse inhaltliche Bestimmtheit schwingt zweifellos mit«. Es ist »einmal die scharfe Antithese zu allen Ersatzgöttern (bes. 4.26–29.31) und sodann das starke Eintreten für soziale Gerechtigkeit: wie Jahwe seine Heiligkeit dadurch erwies, daß er ›ihr‹ Gott wurde, indem er die Israeliten aus dem ägyptischen Sklavenhaus befreite (2.36) so sollen sie nun heilig sein, indem sie sich der Schwachen annehmen (13b.14.15a.32.33f.) und im übrigen die soziale Ordnung nicht stören«[18]. »Ich bin Jahwe« weist zudem auch auf das Beispiel hin, das der Herr seinem Volk gibt. Er hat die enge Beziehung zu Israel geknüpft: Er liebt sein Volk (Dtn 23,6; Jes 43,4; Jer 31,3 u.ö.). Er hat bereits die Väter geliebt (Dtn 4,37). Er liebt die Gerechten (Ps 146,9), Menschen, die tun, was er von ihnen erwartet.

Die Struktur des Gebots der Nächstenliebe ist der des Hauptgebots ähnlich (Dtn 6,5), die Näherbestimmung der Liebe ist unterschiedlich. In der Gottesliebe ist der ganze Mensch mit all seinen Kräften und Fähigkeiten gefordert («mit ganzem Herzen, mit ganzer Seele und mit ganzer Kraft«). Liebe zum Nächsten nimmt Maß an der eigenen Person («wie dich«). Man hat vorgeschlagen, diese Näherbestimmung zu übersetzen: »Er ist wie du«. Doch nicht nur die hebräische Grammatik[19], sondern auch die alte griechische Übersetzung und die Vulgata sprechen dagegen. Beide lesen »wie dich selbst«. In dieser Näherbestimmung ist nicht die Selbstliebe geboten[20]. Vielmehr geht die Gebotsformulierung davon aus, daß der Mensch sich selbst liebt: »Wer Verstand erwirbt, liebt sich selbst, wer Einsicht bewahrt, findet sein Glück« (Spr 19,8). »Wer mit dem Dieb teilt, haßt sich selbst« (29,24). Statt »wie dich selbst« *(kāmōkā)* könnte man auch erwarten: »wie deine ›Seele‹« (*k^e^nafšekā*), im Sinne »wie dich selbst« (vgl. Dtn 13,7 EÜ). Von dieser Qualität ist die Freundschaft zwischen David und Jonatan (1 Sam 18,1.3). Doch sollten anscheinend nicht im Gebot der Nächstenliebe nur die inneren Fähigkeiten, die Anlagen, die seelischen Kräfte des Menschen angesprochen sein, sondern die ganze Persönlichkeit, vor allem auch ihr Tun und Lassen. Sie soll dem Mitmenschen in Gottes Volk zugetan und zugewendet sein. Jesus Sirach sagt: »Sorge für deinen Nächsten wie für dich selbst« (31,15), wörtlich: »Erkenne das des Nächsten aus dem Deinigen.« Der Weise empfiehlt hier Rücksichtnahme bei Tisch.

Wenn auch im Gebot die Nächstenliebe eng geführt und auf das Volk des Herrn bezogen wird, ist die ursprüngliche Weite des Begriff nicht vergessen. Sie meldet sich wieder zu Wort, siehe den neutestamentlichen Part.

B. Der Fremde

Israel war nicht der in sich geschlossene, nach außen abgegrenzte Verband, der als solcher in Kanaan eingezogen wäre und in einem abgeschirmten Siedlungsgebiet gewohnt hätte. Die neuere Forschung hat herausgestellt, daß die Großfamilien, auch wenn sie sich zu Stämmen verbunden wußten, unter den Völkerschaften des Landes wohnten. Das Alte Testament selbst bezeugt dies vielfach, auch wenn es auf die Einheit und Geschlossenheit des Volkes Jahwes großen Wert legt. Israel hat die Erfahrung gemacht, daß es unter Fremden lebt. Das war nicht nur während der vorköniglichen Epoche und in der Königszeit[1], sondern auch nach dem Exil der Fall, wie Neh 13,23–31 zeigt. Das Verhältnis zu den anderen Völkerschaften war durch ein Nebeneinander und Miteinander bestimmt, wie es die jeweilige Situation mit sich brachte. In den Bereich der theologischen Bewertung trat es dann ein, wenn es den Glauben Israels an seinen Gott Jahwe tangierte. Dabei stellt sich die Beziehung zu dem einzelnen Fremden, um den es für den Israeliten zunächst und konkret geht, und zu den fremden Völkern je verschieden dar.

1. Aufenthalt außerhalb des angestammten Lebensraums

Die Menschen der Alten Welt, in der das alttestamentliche Israel lebte, waren von Geburt aus über die Familie in ihre Großfamilie bzw. Sippe und, wo diese mit anderen entsprechend verbunden waren, in ihren Stamm eingebunden. Darin war Heimat; in diesen Verbänden waren sie in unterschiedlich starker Bindung zu Hause. Aber es geschah, daß einzelne oder auch Familien außerhalb dieses Rahmens, der ihnen Lebensmöglichkeit, Schutz und Sicherheit bot, leben mußten. Die Gründe und die Anlässe waren wie in den menschlichen Gesellschaften aller Zeiten naturgemäß verschieden. Sie konnten in der Person dessen liegen, der außerhalb der Gemeinschaft, welcher er zugehörte, weilte, oder auch durch die ihn treffende wirtschaftliche oder politische Lage bedingt sein. Mit solchen Menschen hatte es Israel nach Ausweis des Alten Testaments zu tun. Und die Israeliten selbst konnten in die Lage versetzt sein, sich freiwillig oder durch besondere Umstände veranlaßt außerhalb ihres angestammten Lebensraums aufzuhalten. Das Alte Testament verwendet, um diese Lebensweise zu kennzeichnen, das Verbum *gūr* »als Fremdling weilen«. Es hält die Erinnerung daran fest, daß die Erzväter Israels sich nur zeitweilig aufhielten, als sie auf der Suche nach einem Lebensraum für ihre Familien waren: Abraham (Gen 12,10; 19,9; 20,1; 21,23.34), Isaak (Gen 26,3), beide (35,27). Jakob hält sich bei Laban (32,5) in der Fremde auf, die Brüder Josefs weilen in

Ägypten (47,4). Das Verweilen in einem Land, dem man nicht von Geburt aus verbunden war, wird Gen 12,1 im Jahwewort an Abraham so charakterisiert: »Zieh weg aus deinem Land, von deiner Verwandtschaft und aus deinem Vaterhaus in das Land, das ich dir zeigen werde.« Bezüglich des zeitweiligen Aufenthalts werden unterschiedliche Gründe angegeben und Bewertungen abgegeben. Mißbilligend wird gesagt, daß sich Dan bei den Schiffen aufhält, statt am Kampf teilzunehmen (Ri 5,17). Ein Levit, der keine feste Stelle hat, hält sich dort auf, wo er seinen Dienst anbieten kann (Ri 17,7f.; 19,1). Die Beerotiter leben nach ihrer Flucht in Gilead (2 Sam 4,3). Auf Anweisung des Elija hält sich eine Frau aus Schunem während einer Hungersnot sieben Jahre im Land der Philister auf (2 Kön 8,1f.). Elimelech und seine Familie lassen sich auf Zeit während einer Hungersnot im Grünland Moabs nieder (Rut 1,1f.). Ebenso handeln Abraham und die Jakobssöhne, wenn sie nach Ägypten ziehen (Gen 12,10.20; 47,4). Ein prophetisches Wort fordert: »Laß die Flüchtlinge Moabs bei dir verweilen« (Jes 16,4). Hält der Herr Gericht über einen Ort wie über Sodom und Gomorra (Jer 49,18), kann niemand mehr dort wohnen oder sich auch nur in der zerstörten Stadt aufhalten (49,33). Wenn Vertriebene oder Siedler wie die von Tyros (Jes 23,7) Aufenthalt nehmen, kann und wird durchaus die Absicht mitschwingen, sich auf Dauer anzusiedeln. Dagegen mag es sein, daß die nach 586 nach Ägypten ausweichenden Judäer (Jer 44), vielleicht nur zeitweise dort bleiben wollten. Esra 1,4 betrachtet im Kyros-Erlaß, also sozusagen amtlich, den Aufenthalt der Judäer in Babylonien nur als vorübergehend.

Mit dem Verbum *gūr* »verweilen« sind verschiedene Aspekte verbunden, zuerst und vor allem jener des Fremdseins. Der von Krankheit geschlagene Ijob klagt: »Als Fremder gelte ich meinen Mägden, von anderem Stamm bin ich in ihren Augen« (19,15). Ps 105,12.23 stellt ausdrücklich fest, daß die Patriarchen auch im Land der Verheißung nur Fremde waren. Und einer, der verleumdet wurde, klagt in einem Bildwort: »Weh mir, daß ich als Fremder in Meschech bin und bei den Zelten von Kedar wohnen muß« (Ps 120,5). Der Aufenthalt an einem Ort, der extreme Bedingungen aufweist, ist nicht ohne Gefahr (Jes 33,14; Ijob 28,4). Hier besteht wohl eine konnotative Verbindung oder Nähe zu der Wortwurzel *gūr* II »angreifen« und III »sich fürchten«. Andererseits wird auch das Bedürfnis von Schutz und Hilfe sichtbar, wenn es um das Verweilen am Heiligtum des Herrn geht: »In deinem Zelt möchte ich verweilen, mich bergen im Schutz deiner Flügel« (Ps 61,5). Allerdings sind bestimmte Voraussetzungen in Gesinnung und Tat zu erfüllen (Ps 15). »Denn du bist kein Gott, dem das Unrecht gefällt; der Frevler darf nicht bei dir weilen« (Ps 5,5). Wer unrein, also vom Kult Jahwes ausgeschlossen ist, darf nicht in der Stadt des Herrn verweilen (vgl. Klgl 4,15).

Überblickt man die Stellen, an denen unter Verwendung des Verbums *gūr* über die Anwesenheit von Menschen gesprochen wird, stellt sich eine Sinngebung heraus, die wohl so skizziert werden kann: Es ist ein (zeitweises)

Verweilen an einem Ort bzw. in einem Land gemeint, dem der Betreffende nicht entstammt oder zugehört. Er hat dort keinen angestammten Besitz an Grund und Boden. Er lebt bei Leuten, mit denen er nicht verwandt ist, zu deren Familie und Sippe er nicht gehört. Eine zeitliche Grenze ist mit der Aussage »verweilen, sich aufhalten« nicht gegeben. Der Aufenthalt kann auf Dauer erfolgen. Aber ein Fremdsein ist impliziert. Ein Urteil darüber, ob der Fremde zum Verweilen berechtigt ist, ist mit dem Begriff selbst nicht verbunden. Vorbehalte ergeben sich durch das Fremdsein und auch durch die jeweiligen Umstände.

2. Fremd im eigenen Volk und Land

Neben Fremden und mit ihnen zu leben, war für das Volk Jahwes eine Gegebenheit. Naturgemäß gab es Auseinandersetzungen und herrschte Einvernehmen je nach der Situation, in der das gegenseitige Verhältnis sich gestaltete. Davon berichtet das Alte Testament allenthalben, besonders in den Büchern Josua und Richter, insofern es sich um Israel und sein Zusammenleben mit den Völkerschaften in Kanaan handelt. Das Verhältnis zu einzelnen Personen und Familien regelte sich wohl auf der Basis der rechtlichen Bestimmungen und der weisheitlichen Erfahrungssätze, die für den Umgang mit dem Nachbarn (siehe oben S. 13 ff.) erarbeitet worden sind.
Zum Problem wurde das Verhältnis und der Umgang mit denen, die von außen kamen, nach dem Untergang des Nordreiches Israel. Nach dem Fall Samarias (722) wurde Jerusalem »nicht nur zum Fluchtort vieler Leute aus dem ehemaligen Nordreich Israel und erfuhr damit einen starken Bevölkerungszuwachs, Jerusalem wurde auch zum Sammelbecken der theologischen Traditionen des Nordreiches«[2]. Zeichen dafür ist, daß ein neuer Bezirk nordwestlich des Tempels und des Palastgebietes entstand[3], die sogenannte »Neustadt« (*mišnaeh*), in der auch die Prophetin Hulda (2 Kön 22,14) wohnte. Die Menschen, die aus dem Nordreich Israel geflohen waren, hielten sich im Staat Juda, dessen Gebiet damals durch assyrischen Zugriff verkleinert wurde, in Jerusalem und seinem Umland auf. Sie waren Israeliten, zählten also zu Jahwes Volk, stammten aber aus einem anderen Staatsgebiet. Um sie zu bezeichnen und von anderen abzuheben, wählten Autoren, die im Deuteronomium zu Wort kommen, einen besonderen Begriff. Sie leiteten ihn von der Wortwurzel *gūr* ab und nannten sie *ger*. Die soeben zu *gūr* »gemachten Beobachtungen zeigen, daß in dem Begriff *ger* selber kein Aspekt von Fremdheit im Sinne ausländischer Herkunft liegt. Bei der Erklärung des Wortes ist von dem Verb *gūr* auszugehen, das ein Ansässig-sein bedeutet, das vom Ort des tatsächlichen Aufenthalts aus als das eines ›Fremden‹ erscheint«. Der *ger* gilt »als ein Fremder im lokalen Milieu, als fremd im Verhältnis zum einzelnen jeweiligen Ort seines Aufenthalts«[4]. Eine Erinnerung daran, daß Flüchtlinge aus dem Nordreich nach dem Untergang Samarias ins Südreich gekommen sind, dürfte sich noch in 1 Chr

12,9 und in 2 Chr 30,25 widerspiegeln, wo ansonsten im chronistischen Geschichtswerk das Nordreich völlig abgeschrieben wird[5].
Zu diesen Personen bzw. Familien, die aus dem Gebiet des Nordreichs gekommen waren, mußte die rechte Einstellung und das richtige Verhalten gefunden werden. Darum geht es im Deuteronomium. Tatsächlich finden sich die frühesten Vorkommen des Begriffs *ger* im Deuteronomium. Die Texte, in denen im deuteronomistischen Geschichtswerk von Fremden unter Verwendung des Wortes *ger* die Rede ist (Jos 8,33.35 und 2 Sam 1,13), sind aus der Sicht der deuteronomischen Theologie gestaltet. Bei Amos, Hosea, Micha und Jesaja selbst ist vom *ger* nicht die Rede, er ist deuteronomistisch eingetragen. Er taucht hier unter den bedrängten Menschen, den Armen, den wirtschaftlich Benachteiligten und Ausgebeuteten[6], für die besonders Amos eintritt, nicht auf. Bezüglich des *ger* bedurfte es vorab gesetzlicher Regelungen, bei denen seine Zugehörigkeit zum Volk Jahwes im Vordergrund stand. Dem *ger* gegenüber ist das Grundanliegen deuteronomischer Gesetzgebung und Theologie die Integration in die auf den Gott Israels hin orientierte Gemeinschaft des Volkes.
Innerhalb der Torah, in der im Pentateuch überlieferten Gesetzgebung, »richtet sich alles Streben auf ein Überwinden des fremden Wesens, aber in einer doppelten, ganz entgegengesetzten Weise, einerseits durch völligen Ausschluß, anderseits durch völligen Einschluß«. Letzterer betrifft den *ger*, der »innerhalb des mehr und mehr zu einer religiösen Größe werdenden Volkes gesehen« wird[7]. Deuteronomische Theologie und Gesetzgebung nimmt sich des Problems an, das der Fremde (*ger*) darstellt. Zwar enthält auch das Bundesbuch Vorschriften über den Umgang mit ihm: »Einen Fremden sollst du nicht ausnützen oder ausbeuten; denn ihr selbst seid in Ägypten Fremde gewesen« (Ex 22,20). Und noch einmal wird der Schutz des Fremden befohlen: »Einen Fremden sollst du nicht ausbeuten. Ihr wißt doch, wie es einem Fremden zumute ist; denn ihr selbst seid in Ägypten Fremde gewesen« (Ex 23,9). Aber beide Gebotsformulierungen stehen in deuteronomischem Kontext. Die Begründung mit dem Fremdsein Israels in Ägypten entspricht deuteronomistischer Theologie[8]. Auch die Nebeneinanderstellung des Fremden, der Witwe und der Waise (22,20f.) entspricht deuteronomischer Verfahrensweise (vgl. Dtn 14,21.29; 16,14; 20,14; 31,12). Der Fremde wird vor Übergriffen derer, die einen angestammten Wohnsitz haben, im Bundesbuch geschützt.
Im Deuteronomium selber ist, wo es um die Stellung des »Fremden« (*ger*) zu tun ist, das Sabbatgebot des Dekalogs zu nennen. Hier wird er in die Arbeitsruhe, die am Ruhetag, den Jahwe angeordnet hat, die für den freien, grundbesitzenden Israeliten und seinen ganzen Hausstand (Sohn, Tochter, Sklave, Sklavin, Rind, Esel, das ganze Vieh), nicht nur für den Hausherrn gilt, einbezogen. Der Ruhetag soll nicht nur dem Besitzenden, sondern auch den Abhängigen zugute kommen. Der Grundbesitzer soll erst gar nicht auf den Gedanken verfallen, er könne am Sabbat den »Fremden«, der sich als Lohnarbeiter (Dtn 24,14) verdingen muß, um leben zu können, arbeiten las-

sen. Dieser »darf am Ruhetag nicht als Arbeitskraft genutzt werden«. Er ist wie die anderen Abhängigen »insoweit an diesem Tag dem Besitzenden« gleichgestellt. »Die Verwandlung der Gesellschaft an diesem Tag durch die Arbeitsruhe in eine Gemeinschaft der Gleichen wird mit dem Gedenken an die Herausführung aus Ägypten begründet.«[9] Diese Begründung weist darauf hin, daß Jahwe alle, die zu seinem Volk zählten, aus der Knechtschaft befreit hat, unter ihnen keinen Unterschied machte, sondern alle gerettet hat.

In dieser Einbeziehung und Begründung werden die Absicht und der Wille der Verfasser des Deuteronomiums deutlich, die aus dem Nordreich gekommenen Israeliten in das Volk des Herrn, das nunmehr in Juda lebt, zu integrieren. Dtn 5,14 macht aber auch klar, daß konkret der wirtschaftliche Aspekt bedacht und beachtet werden muß. Denn diese Fremden bedürfen einer Existenzgrundlage, zumindest einer Hilfe zum Überleben. Sie können als Lohnarbeiter, wobei sie freie Glieder der Gesellschaft bleiben, ihren Lebensunterhalt verdienen. Dann gelten auch für sie die Bestimmungen, die den judäischen Tagelöhner schützen, der infolge der wirtschaftlichen Entwicklung oder vielleicht auch durch eigene Mißwirtschaft verarmt ist und nur noch seine Arbeitskraft besitzt: »Du sollst den Lohn eines Notleidenden und Armen unter deinen Brüdern oder unter den Fremden, die in deinem Land innerhalb deiner Stadtbereiche wohnen, nicht zurückhalten. An dem Tag, an dem er arbeitet, sollst du ihm auch seinen Lohn geben« (24,14f.). Die beigegebene Erweiterung und Begründung stellt den armen Judäer und den Fremden erneut gleich: »Die Sonne soll darüber nicht untergehen; denn er ist in Not und lechzt danach. Dann wird er nicht den Herrn gegen dich anrufen, und es wird keine Strafe für eine Sünde über dich kommen« (V. 15). Der »Fremde« verehrt also Jahwe, ein Hinweis, daß er insofern zu seinem Volk gehört.

Daß der Fremde nicht über Grund und Boden verfügt, von dem er seinen Lebensunterhalt gewinnen könnte, wird aus den Vorschriften ersichtlich, die ihm gestatten, Nachlese auf den Feldern der Grundeigentümer zu halten (Dtn 24,19–22). Die Fremden dürfen zusammen mit den Witwen und Waisen ernten, was sich noch findet, nachdem die Besitzenden ihre Felder, Weinberge und Ölbäume abgeerntet haben. Sie haben sich nicht einem Vollbürger des Landes wie einem Patron, der für sie Verantwortung trägt, angeschlossen, wurden ihm auch nicht unterstellt. Sie haben Aufenthalt in den Ortschaften genommen, sind Menschen, die »in deinen Toren sind« (Dtn 14,21.29; 16,14; 20,14; 31,12). Sie haben, wie diese Formulierung in gesetzlichem Zusammenhang feststellt, Wohnrecht in den Ortschaften, in denen sie leben. Mit den Witwen und Waisen und wohl auch den Leviten (16,11) bilden sie eine Schicht in den judäischen Ortschaften. »Da das Gesetz ihnen Ansprüche auf die Nachlese auf fremden Feldern zugesteht, verfügen sie über kein Grundeigentum als Basis einer ökonomischen Existenz. Alle drei Typen sind nicht als Grundbesitzer in dem Ort ihres Aufenthalts verwurzelt. Trotz ihrer ökonomischen Abhängigkeit leben sie in persönlicher Frei-

heit. Die besitzlosen Personen stehen in einem gewissen Verhältnis zum Dorf, nicht aber zu einem individuellen Schutzherrn.«[10]
Gott hat den grundbesitzenden Bürger gesegnet, so daß dieser Ernteerträge einbringen konnte. »Der Erfolg der Arbeit und die Bedingung des Segens ist« in diesen Bestimmungen »nicht durch kultische Abgaben einzulösen, sondern durch eine bestimmte Gestaltung der sozialen Beziehungen in der Form des Teilhaben-Lassens der Armen im Verband der Ortschaft, die nicht anders als indirekt und vermittelt durch die religionsgesetzliche Forderung anspruchsberechtigt sind.«[11] Das Land und sein Ertrag sind kein Privatbesitz, der dem Begüterten allein gehört. »Im Gegensatz etwa zum sachbesitzorientierten Kodex Hammurapi denkt das Deuteronomium ganz vom Volk her.« Die Personen(gruppen), die wirtschaftlich unterprivilegiert sind und zu denen für das Deuteronomium die aus dem Nordreich Gekommenen zählen, »werden nicht zu Bettlern entwürdigt, sondern haben ein Recht auf Nachlese bei den drei wichtigsten Produkten« des Landes. Übrigens sind auf dem Feld vergessene Garben für den Eigentümer des Ackers »kein Verlust«. »Sind die sozial Bedürftigen ihre Nutznießer, erwirken sie Jahwes Segen, das heißt das Gelingen aller Arbeiten (14,29; 16,15).«[12]
Gewiß, diese »Erntevorschriften bewirken nichts, was auf die Befreiung dieser Gestalten aus ihrer Randlage zielt, sie schützen nur das Leben in dieser Lage«, und insofern ist »die Integration der Bedürftigen in die Gemeinschaft des Ortes ihres Aufenthalts« doch nur »eine begrenzte«[13]. Jedoch, die Nachlese-Bestimmung ist nicht das einzige soziale Gesetz, das für den Fremden eintritt. Ein regelmäßiger Zehnte kommt auch ihnen zugute: »In jedem dritten Jahr sollst du den ganzen Zehnten deiner Jahresernte in deinen Stadtbereichen abliefern und einlagern, und die Leviten, die ja nicht wie du Landanteil und Erbbesitz haben, die Fremden, die Waisen und die Witwen, die in deinen Stadtbereichen wohnen, können kommen, essen und satt werden« (14,28f.). »Im Sabbatjahr gehörten alle Erträge des brachliegenden Ackers den Hilfsbedürftigen« (Ex 23,11; Dtn 15,1). Hinzu kommt jährlich die Nachlese. »Doch das genügt dem Deuteronomium nicht. Alle drei Jahre (also wohl jeweils im dritten und sechsten Jahr nach dem Sabbatjahr) soll der Zehnte nicht zum Jerusalemer Tempel gebracht werden. Er verbleibt – denkbar unbürokratisch und ohne Vermittlung von Staat und Tempel – als eine Art Sozialversicherung am Heimatort und wird dort zur Verteilung eingelagert.«[14] Daß dies auch tatsächlich geschieht, sichert ein Bekenntnis, das vor dem Herrn, dem Gott Israels, am Zentralheiligtum abzulegen ist: »Wenn du im dritten Jahr, dem Zehntjahr, alle Zehntanteile von deiner Ernte vollständig ausgesondert und für die Leviten, Fremden, Waisen und Witwen abgeliefert hast und sie in deinen Stadtbereichen davon essen und satt werden, dann sollst du vor dem Herrn, deinem Gott, sagen: Ich habe alle heiligen Abgaben aus meinem Haus geschafft. Ich habe sie für die Leviten und die Fremden, die Waisen und die Witwen gegeben« (26,12f.). Auch die Vorschrift, zu Tode gekommene Tiere, die man nicht essen darf, weil in ihnen, anders als beim Schlachten, noch Blut ist, den Fremden zu überlassen

(14,21), dient ihrer Versorgung. Schließlich sollen auch die Fremden wie der ganze Hausstand eines Bürgers und die Leviten das Wochen- und das Laubhüttenfest (16,11.14) mitfeiern. Vermutlich verweist auch die Vorschrift 26,11, derzufolge die Familie nach Ablieferung der Erstlingsfrüchte zusammen mit den Leviten und Fremden ein Fest feiern soll, auf das Laubhüttenfest, das alte Herbstfest.

Naturgemäß dürfte es zwischen der eingesessenen Bevölkerung und den Fremden Spannungen und Rechtsstreitigkeiten gegeben haben, die auch vor Gericht ausgetragen wurden. Jahwe verlangt, daß gerecht entschieden und der Fremde so behandelt wird wie der »Bruder«, wie derjenige, der zur Familie und Sippe des ansässigen Bürgers gehört (1,16). Das Recht der sozial Schwachen – der Fremde ist an erster Stelle genannt – darf nicht gebeugt werden (24,17). Es besteht die Gefahr, daß der Fremde, der in einer schwachen Position ist, in Bedrängnis gerät, ausgenützt und ausgebeutet wird. Der deuteronomisch geprägte Eintrag im Bundesbuch (Ex 22,20; 23,9) verbietet dies ausdrücklich und weist mit »bedrängen« (Ex 22,20) auf die Bedrängnis Israels in Ägypten (Ex 3,9) hin: Der aus dem Nordreich kommende Fremde ist nun in einer ähnlichen Situation wie die Israeliten im Land des Pharao. Er steht in Gefahr, ausgenützt und ausgebeutet zu werden. Anscheinend hat Ezechiel diesen Mißstand vor Augen (Ez 22,7.29; vgl. auch 18,7.12.16). Die Unterdrückung geschieht »gegen das Recht« (Ez 22,29). Die Gemeinde distanziert sich mit einem Fluch von dem, der dies tut (Dtn 27,19). Es kann jedoch auch geschehen, daß der Fremde zu Besitz, Ansehen und Einfluß kommt, während die Bürger des Landes »immer tiefer hinabsteigen« (Dtn 28,43). Diese Umkehrung wird als Strafe für den Ungehorsam gegenüber der Weisung Gottes betrachtet.

Unverkennbar ist im Deuteronomium der Trend, die aus dem Nordreich hinzugekommenen Fremden in die deuteronomische Gemeinde einzubeziehen. Sie versammeln sich mit ihr, wenn sie vor dem Herrn steht, um mit ihm den Bund zu bekräftigen bzw. sich auf das deuteronomische Gesetz zu verpflichten (29,10). Sie sind dabei, wenn das Gesetz im Sabbatjahr verlesen wird (31,12), »damit sie zuhören und auswendig lernen und den Herrn, euren Gott, fürchten und darauf achten, daß sie alle Bestimmungen dieser Weisung halten«, Israel insgesamt. Die Bindung dieser Fremden an das Volk des Herrn ist eng und fest, weil durch ihn selbst geknüpft. Jahwe liebt die Väter Israels (4,37) und ebenso Israel (7,13; 23,6). »Er liebt die Fremden und gibt ihnen Nahrung und Kleidung« (10,18). Es sind die Israeliten aus dem Nordreich, die zu seinem Volk gehören und für die er daher sorgt. Er tut dies in der deuteronomischen Gesetzgebung. Auch Israel, die vom Deuteronomium Angesprochenen, sollen handeln, wie ihr Gott es ihnen durch sein Tun vorgibt. »Auch ihr sollt die Fremden lieben«, das heißt ihnen Nahrung und Kleidung geben (10,19.18). Und wieder weist die Begründung auf die Zeit der Unterdrückung und Bedrängnis hin: »denn ihr seid Fremde in Ägypten gewesen«.

3. Liebe zu den Fremden

Für die Priesterschrift ist die Zeit gegenüber der wirklichen Situation des Deuteronomiums vorangeschritten und in der Darstellung zugleich auf die Wüstenzeit und der Intention nach noch vor der im Deuteronomium dargestellten zurückgedreht, insofern das Deuteronomium ein Israel in den Steppen Moabs anspricht. Auch in der Priesterschrift spielt der Fremde (*ger*) im Blick auf die in der Theorie angeblich geschlossene Gemeinde des Wüstenzugs eine thematisierte Rolle. Zugleich aber meldet sich die Zeit, in der die Priesterschrift entstand, zu Wort und fordert, berücksichtigt zu werden.

Es wird anscheinend einerseits damit gerechnet, daß der Fremde, den das Deuteronomium vor sich hat, »zu Vermögen kommt, aber dein Bruder von ihm wirtschaftlich abhängig wird und sich ihm oder einem Nachkommen aus der Familie des Fremden verkauft« (Lev 25,47). Dann soll er von seinen Verwandten, falls er nicht selbst die Mittel dafür aufbringen kann, losgekauft werden (V. 48ff.). Ob es sich allerdings bei diesen Fremden und auch bei anderen, deren sich die Kultgesetzgebung der Priesterschrift annimmt, um die Gruppe der Nordreich-Israeliten handelt, ist ungewiß und zumindest zweifelhaft. Der Fremde (*ger*) wird nämlich in Lev oft als »Schutzbürger« (*tōšāb,* ein Wort, das nur in priesterschriftlichen Texten, in Ps 39,13 und verderbt 1 Kön 17,1 steht) charakterisiert (Gen 23,4; Lev 25,23.35.47; Num 35,15), und er wird dem Einheimischen (*'aezrāh,* ein Wort, das, außer Jos 8,33; Ez 47,22 nur in priesterschriftlichen Texten steht) oder auch dem Israeliten bzw. »dem aus dem Haus Israel« gegenübergestellt (Ex 12,49; Lev 16,29; Num 9,14f.; 15,13–16.29f.). Schon wenn sich Abraham bei der Priesterschrift den Hetitern gegenüber als »Fremder und Halbbürger unter euch« (Gen 23,4) bezeichnet, soll sicher sein Fremdsein, seine Herkunft aus einer anderen Bevölkerungsschicht deutlich gemacht werden. Und der Sohn eines Ägypters, der den Namen Jahwes lästert, gilt doch, obwohl er dem für Israel geltenden Gesetz unterworfen und gesteinigt wird, sicherlich als ein Fremder (Lev 24,11.16). Weitere Vorschriften, die für beide gelten und anzuwenden sind, unterscheiden Israeliten und Fremde: Wer dem Moloch eines seiner Kinder opfert, sei er Israelit oder Fremder, wird mit dem Tod bestraft (20.2). Auch der Fremde, der Greueltaten verübt, macht das Land unrein (18,24–30). Bei dieser Bestimmung wird auf die Vorbewohner des Landes hingewiesen, die durch ihre Taten das Land unrein gemacht haben und die der Herr deswegen daraus vertrieben hat (V. 24). Man darf dies auch als einen Hinweis darauf werten, daß in dem Verbot, Greueltaten zu begehen, auch Ausländer betroffen sind, die im Land Israels leben. Wo immer der Fremde neben den Israeliten genannt wird, sei es, daß es sich um die Darbringung von Opfern (17,8; 22,18) oder um Blutgenuß (17,12) handelt, ist der außerhalb des Volkes Stehende gemeint, »sicher nicht mehr der außerhalb seiner Sippe oder seines Stammes lebende« Angehörige des Volkes Jahwes, »sondern der Volksfremde, der aus irgendeinem Grunde aus

seiner Heimat Verschlagene, der nun um Aufnahme in die Jahwegemeinde nachsucht«[15].
Ez 14,7 setzt diese Situation voraus: Das prophetische Wort droht Israel und den Fremden, die von Jahwe abfallen, das Gericht an. Im visionären Entwurf zur Landverteilung (Ez 47,22) wird bestimmt bezüglich der »Fremden, die bei euch leben und die bei euch Söhne und Töchter gezeugt haben, sie sollen für euch wie einheimische Israeliten sein und sollen sich mit euch zusammen ihren Erbbesitz unter den Stämmen Israels erlosen«. Auch Salomo, den die Chronik wegen der Erbauung des Tempels herausstellt, unterscheidet nach ihrer Auffassung zwischen Israeliten und Fremden. Er setzt diese zur Arbeit als Lastträger und Steinhauer im Gebirge ein (2 Chr 2,16f.). Priesterschriftliche Sicht, die sich auch bei Ezechiel und in der Chronik auswirkt, unterscheidet die Fremden als von anderen Völkerschaften zur Verehrung Jahwes Hinzukommende von den Israeliten. Die Öffnung der Gemeinde für die Proselyten ist vorbereitet.
Andererseits wird deuteronomische Anschauung aufgenommen und teilweise weiter entfaltet oder ausgebaut. So wird die Vorschrift übernommen, den Armen und Fremden die Nachlese auf dem Feld und im Weingarten zu überlassen und bewußt für diese Bedürftigen etwas übrig zu lassen (Lev 19,9f.). Hier denkt man unwillkürlich an die aus dem Nordreich stammenden Fremden des Deuteronomiums. Wie das Deuteronomium fordert auch die Priesterschrift, daß gleiches Recht für alle, auch für den Fremden gelte (Lev 24,22; Num 15,29f.). Sie dürfen nicht unterdrückt werden (Lev 19,33f.). Gleiche Behandlung und Fürsorge sollen ihnen zuteil werden: »Wenn dein Bruder verarmt und sich neben dir nicht halten kann, sollst du ihn, auch einen Fremden oder Halbbürger, unterstützen, damit er neben dir leben kann« (25,35). Von ihnen darf kein Zins verlangt, ihnen gegenüber kein Wucher getrieben werden (V. 36f.).
Deutlich ist bei der Priesterschrift eine Öffnung für die Fremden und das Anliegen, sie in das Volk des Herrn zu integrieren, zu beobachten. Auch dem Fremden der Priesterschrift wird die Möglichkeit eröffnet, am Pascha teilzunehmen (Ex 12,48f.). Er muß allerdings »alle männlichen Angehörigen seines Hauses beschneiden lassen«. »Für Einheimische und Fremde, die dauernd bei euch leben, gilt das gleiche Gesetz« (V. 49; Ex 12,19; Num 9,14; 15,29f.; 19,10). Dahin tendiert die Priesterschrift für alle, die Jahwe verehren. Auch die Asylstädte, in denen der sich (zunächst) in Sicherheit bringen kann, »der ohne Vorsatz einen Menschen erschlagen hat«, stehen den Fremden offen (Num 35,15). So ist es nur konsequent, wenn das im Deuteronomium gegebene Liebesgebot auch in der Priesterschrift, und zwar mit der Zuspitzung »wie dich selbst«, gilt (Lev 19,34).

4. Distanziert, unbefugt und unberechtigt

Der Fremde, der mit *ger* bezeichnet wird, steht in einer unterschiedlich beurteilten Nähe zu dem jeweils existierenden Volk Jahwes. Es leben aber auch Personen in Israel oder in seiner Umwelt, die in unterschiedlicher Weise je nach dem Bezugspunkt fremd sind und bleiben. Man nennt sie *zārīm*. Ein *zār* ist in wörtlicher Übersetzung »der sich Distanzierende, der sich Entfernende. In nur wenigen Fällen wird diese eigentliche Bedeutung klar, meistens bekommt das Wort einen übertragenen oder allgemeinen Inhalt«[16]. Die Fremdartigkeit und das Getrenntsein von dem, was naturgemäß oder rechtmäßig gegeben ist, wird zur Aussage gebracht.

So geschieht es im kultischen Bereich, wenn von Rauchopfern die Rede ist, die nicht den Vorschriften entsprechend, von unberechtigten Personen dargebracht werden (Ex 30,9; Lev 10,1; Num 16), von Männern, die nicht zum Priesterdienst befugt sind und von den Opfergaben nicht essen dürfen (Ex 30,33; Lev 20,12.13; Num 1,51; 14,38; 18,4.7), oder davon, daß eine Priestertochter, die einen Laien heiratet, nicht von den heiligen Gaben essen darf (Lev 22,12). »Stark verbunden mit den Fremden oder den andersgearteten Völkern sind ihre Götter. Sie sind der Exponent ihres Wesens und ihrer Vorstellungen. Deshalb ist es nicht verwunderlich, daß *zārīm* nicht nur andere, feindliche Völker, sondern auch andere, gefährliche Götter bezeichnet.«[17] Sie sind nicht berechtigt, von Israel verehrt zu werden; denn sie haben das Volk nicht aus der ägyptischen Gefangenschaft gerettet und es nicht durch die Wüste in das verheißene Land geführt (Dtn 32,12). Mit dem Ausdruck »fremde Götter«(Jer 2,25; 3,13; 5,19; Ps 44,21; 81,10) wird auf ihr Getrenntsein von Israel hingewiesen; sie sind nicht befugt, von Jahwes Volk Verehrung zu empfangen. Würde das Volk Fremde verehren, reizte es Jahwes Eifersucht (Dtn 32,16). Hier und in allen Fällen, in denen *zār* in kultischen Zusammenhängen verwendet wird, meint »fremd« bleibende Distanz. Wer oder was so eingestuft wird, ist außerhalb.

So klagt Ijob darüber, daß er wegen seiner Krankheit aus der Hausgemeinschaft ausgestoßen ist: »Als Fremder gelte ich meinen Mägden, von anderem Stamm bin ich in ihren Augen« (Ijob 19,15). Ähnlich äußert sich (Ps 69,9) der unschuldig Verfolgte: »Entfremdet bin ich den eigenen Brüdern«; sie betrachten ihn wie einen Ausländer (*nòkrī*). In der Rechtsvorschrift über die Schwagerehe, die eingerichtet ist, um einem Israeliten, der ohne männliche Nachkommen geblieben ist, solche zu verschaffen, wird bestimmt, daß die Witwe den Bruder heiratet. »Sie soll nicht die Frau eines fremden Mannes außerhalb der Familie werden« (Dtn 25,5). Auch wenn dieser Mann, den die Frau heiraten wollte, ein Israelit ist, bleibt er in dieser Beziehung ein Fremder außerhalb der geltenden Regelung, unberechtigt und unbefugt, die Ehe mit dieser Witwe einzugehen.

Von anderer Art ist die Fremdheit, wenn es sich um Ehebruch handelt. Das Buch der Sprichwörter sieht und verurteilt ihn unter dem Stichwort »die fremde Frau«: »Die Ehebrecherin nimmt sich statt ihres Mannes fremde

Männer« (Ez 16,32), zu denen sie Distanz halten muß, wie es auch in den gesetzlichen Bestimmungen zum Ausdruck kommt, vgl. dazu Jer 2,23ff.; 3,2; Ez 16,26–34; 23; Dtn 22,23–27. Die weisheitliche Lehre jedoch wendet sich an den jungen Mann. Sie warnt ihn vor der fremden Frau (Spr 2,16–19; 6,20–35; 7). Fremd ist sie, insofern sie ihm nicht Ehefrau ist oder die Geliebte, die er heiraten wird. »Fremde Frau« ist im Buch der Sprichwörter ein Sammelbegriff[18], unter dem die Ehefrau eines anderen Mannes, eine fremdländische oder vielleicht auch eine, die sich im Dienst der Liebesgöttin sieht, verstanden wird. »Sie stellt sich dar als ein bestimmter Typ, der deutlich charakterisiert wird. Sie wandert draußen und versucht, junge Männer zu verführen; sie ist gefährlich und in hohem Maß unzuverlässig, denn an Stelle von Leben und Glück schafft sie Schande und Tod.« Sie wird mit *zārāh* (fremd) als eine Frau bezeichnet, die »sich entfernt hat von ihrer Stelle in der Gesellschaft. Die Wörter ›ungebunden, zügellos‹ oder ›unzüchtig‹ zeigen genau ihren wahren Charakter«[19]. Ihre Lippen triefen von Honig (Spr 5,3); sie redet verführerisch (7,5), doch ihr Mund, sie selber (23,27), ist eine tiefe Grube, in die hineinfällt, wem der Herr zürnt (22,14). Keiner soll sich an einer Fremden berauschen (5,20), und ein Fremder darf nicht mit einem Mann dessen Ehefrau teilen (5,17). Der Weise mahnt, den Weg von ihr fernzuhalten und ihrer Haustür nicht nahezukommen (5,8); denn das Ende einer solchen Verbindung ist bitter (5,4). »So ist auch hier, wie so oft, im Begriff *zār* eine Drohung eingeschlossen.«[20]
Nicht nur die Beziehung zur fremden Frau kann einen Mann um sein Vermögen bringen (5,9f.), sondern auch die Bürgschaft, die man einem Fremden leistet (Spr 6,1; 11,15; 20,16), wo es doch bereits wohl zu überlegen ist, seinem Nächsten zu bürgen. Denn bei einem Fremden hat der Bürgende kein Vertrauensverhältnis. Gefährlich wird es für Israel, wenn fremde Völker es angreifen, es besiegen und verwüsten (Jes 1,7; Obd 11; Klgl 5,2; Jer 51,51; Hos 7,9; 8,7). Auch der einzelne kann unter Fremden leiden, die ihn bedrängen (Ps 54,5) oder seinen Besitz wegnehmen (Ps 109,11). So ist oder wird in vielen Fällen der Fremde ein Feind. Jahwe vermag, sie als Vollstrecker der Strafe einzusetzen, die er verhängt hat (Jes 1,7; Ez 7,21; 11,9 u.ö.). Dann tut er ein fremdes Werk (Jes 28,21). Andererseits zeigt er seine rettende Macht, wenn er die fremden Völker abwehrt (Jes 25,2,5; 29,8; Joël 4,17), und sein heilvolles Wirken, wenn er sie zum Besten seines Volkes einsetzt. Dann sollen Fremde es nicht mehr knechten (Jer 30,8). Sie werden nie mehr durch Jerusalem ziehen, das heilig sein wird (Joël 4,17). Sie stehen sogar bereit, um die Herden auf die Weide zu führen (Jes 61,5).
Auf die Gefahr, die Volksfremde für die Anschauungen und die Lebensgestaltung darstellen, weist Ijob 15,19 hin: »Die Väter wohnten allein im Lande, kein Sippen- oder Landfremder hatte sich in ihrer Mitte niedergelassen. Daher lebten sie abgeschlossen für sich mit einer unverfälschten und von fremden Einflüssen ungestörten Kultur, die organisch gewachsen war und eine in sich geschlossene Einheit bildete. Daher ist die von ihnen hergeleitete Tradition wirklich reine, unverfälschte Lehre.«[21] Der Vers Ijob 15,19,

der im Zusammenhang die Auffassung der Freunde stützen soll, klingt für sich genommen wie eine Kritik an fremdem Wesen, das zur Zeit der Abfassung des Buchs schon in Israel eingedrungen ist.

5. Ausländer, die ins Land kommen

Eine dritte Gruppe von Fremden wird eigens in den alttestamentlichen Schriften sichtbar gemacht und benannt. Es sind Menschen, die *nekār*, die so sind, daß man sie nicht als »sein« anerkennt, wie denn auch das fremde Land mit diesem Wort als Ausland charakterisiert werden kann[22]. Man nennt einen solchen Menschen *nòkrī.* »Der *nòkrī* wird definiert als ›jemand, der nicht von deinem Volk Israel ist und aus einem fremden Land kommt‹ (1 Kön 8,41). Während ein Fremder göttlicher Hilfe und menschlicher Solidarität gewiß sein kann (Dtn 10,18; 14,29), wird vom Ausländer solches nicht gesagt. Allerdings darf man diesem Befund wohl nicht entnehmen, Ausländer seien völlig schutz- und rechtlos gewesen, denn Gastfreundschaft gewährte man wohl auch ihnen (möglicher Beleg: Gen 19). Ausländer finden sich unter Davids Söldnern (2 Sam 11,1–27), unter Davids und Salomos Beamten (8,15–18), unter den beim Bau von Tempel und Palast unter Salomo beschäftigten Handwerkern (1 Kön 5,31f.), unter den See- und Kaufleuten der Könige von Juda und Israel (9,26f.; 10,11; 20,34) und unter den Binnenhändlern (Hos 12,8; Zef 1,11). Der Umstand, daß der Israelit oft mit ausländischen Händlern zu tun hatte, verlieh seinem Verhältnis zu Ausländern geldgeschäftlichen Charakter (Dtn 14,21; die Zinsregelung 23,21).«[23] Sicherlich entspricht die Bestimmung, daß ein zu Tode gekommenes Tier einem Ausländer verkauft werden darf (Dtn 14,21), dem üblichen Verfahren.

Doch die Sinntrennung zwischen *nekār/nòkrī* und *zār* ist nicht scharf, sondern liegt teilweise eher in der Akzentsetzung. Die Begriffe werden öfter in einem Satz und Zusammenhang nebeneinander gestellt (Ijob 19,13; Spr 2,16 u.ö.). So kann mit *nekār* auch die Fremdheit der fremden Götter angesagt (Gen 35,2.4; Dtn 31,16; 32,12 u.o.) werden. Im kultischen Bereich verbleibt bezüglich des Ausländers die Gesetzgebung der Priesterschrift. Kein Ausländer darf vom Pascha essen (Ex 12,43). Opfertiere dürfen nicht von ihm gekauft werden (Lev 22,25). Dem Abraham wird (Gen 17,12.27) gesagt, daß »alle männlichen Kinder bei euch«, und auch die männlichen Personen, die »um Geld von Fremden erworben« sind, beschnitten werden müssen. Ez 44,7.9 tadelt, daß man in Jerusalem »Fremde, unbeschnitten am Herzen und unbeschnitten am Körper« zum Tempeldienst herangezogen hat. Andererseits kann Israel »auf fremder Erde«, im Ausland in der Gefangenschaft lebend, nicht Jahwe-Lieder singen (Ps 137,4).

Derlei Bestimmungen und Angaben zeigen, daß Israel, als es bereits mit dem Untergang des Nordreichs und mehr noch im Exil und nach ihm auf seine eigene Identität zurückgeworfen war, eine Abwehrhaltung gegen fernstehende Fremde und insbesondere gegen Ausländer entwickelte. Sie läßt sich »noch nicht für das monarchische Israel, wohl aber für das unter Fremdherrschaft leidende und um seine Identität besorgte Frühjudentum«[24] nachweisen. Die Rut-Novelle nimmt noch keinen Anstoß daran, daß im Stammbaum Davids eine Ausländerin (Rut 2,10) auftaucht. Doch schon im Deuteronomium wird (17,15) verfügt, daß das Volk nicht einen Ausländer als König einsetzen darf, »weil er nicht dein Bruder ist«. Gewiß kann auch ein Ausländer, der aus seiner Heimat verbannt ist, ein treuer Gefolgsmann eines Königs in Israel sein (2 Sam 15,19f.). Aber man läßt doch Vorsicht walten. Wenn man unterwegs ist, bleibt man nicht gerne in einer Stadt von Fremden über Nacht, die nicht den Israeliten gehört (Ri 19,12). Jes 2,6 klagt, daß das Volk von Ausländern überflutet und dadurch voll sei von Zauberei und Wahrsagerei. Nach Jer 2,21 rügt Jahwe, daß sich das Volk zu einem »fremdländischen Weinstock« gewandelt habe. Und Zef 1,8 kündigt er an, daß er mit allen abrechnen werde, die fremdländische Kleidung tragen. Deuteronomistische Theologie lastet den ausländischen Frauen Salomos an, daß sie ihn zum Götzendienst und zum Abfall von dem Gott Israels verführt haben (1 Kön 11,1.8). Folgerichtig, weil der Tat und dem Verhalten entsprechend, ist die Auffassung, daß Ausländer Jahwes Strafe vollstrecken (Klgl 5,2; Obd 11) und als Zeugen dafür dienen (Dtn 29,21). Auf dem Hintergrund dieser Abwehrhaltung wird nachexilisch das Verbot von Ehen mit Ausländerinnen durchgesetzt (Esra 10; Neh 13,23–27).

6. Fremde in die Gemeinschaft einbinden

Das Zusammenleben mit Menschen, die nicht zur eigenen Familie und Sippe gehören, stellt immer die Frage, ob, wieweit und warum sie in die Gemeinschaft der Ansässigen einbezogen werden können und sollen. Brauchtum, das altüberliefert ist, wie die Gastfreundschaft, bietet höchstens eine momentane, vorübergehende Lösung. »Nach dem Alten Testament dient die Gastfreundschaft nicht wie im Alten Orient dazu, einen Fremden, der vielleicht unheilvolle Kräfte mit sich bringt, auf freundliche Weise durch zeitweilige Eingliederung in die Gruppe unschädlich zu machen. Vielmehr wird sie dem gewährt, der auf Reisen der Unterkunft und des Unterhalts bedarf, vorzüglich den Mitgliedern eines anderen israelitischen Stammes.«[25] Eine dauerhafte Einbeziehung ist damit nicht gegeben, möglicherweise eine anhaltende Freundschaft. Aber der von außen kommende Gast bleibt ein Fremder, falls er nicht ein auswärts wohnendes Sippenmitglied und damit »Bruder« ist. Es können sehr wohl dagegen politische Überlegungen angestellt werden, eine Eingliederung von Fremden vorzunehmen und in die Tat umzusetzen. In den Staaten Israel und Juda wird dies im Hinblick auf die kanaanäische Bevölkerung auch geschehen sein. Aber damit waren sie noch nicht in das Volk Jahwes eingebunden.
Für die Fremden (*gerīm*), die nach 722 aus dem Nordreich nach Juda ka-

men, stellte sich dieses Problem nicht, sofern sie Israeliten waren. Für sie ging es darum, ihren Platz im Jahwevolk zu finden bzw. eher und eigentlich diesen angestammten Platz zu behalten. Darauf zielten die oben genannten sozialen und rechtlich verbindlichen Bestimmungen des Deuteronomiums zu ihren Gunsten. Sie werden, wie bereits gesagt, auch theologisch unterbaut. Diese Fremden haben in ihren Vätern die Annahme durch Jahwe erlebt, die Erlösung aus der ägyptischen Knechtschaft, seine Liebe erfahren und seine Lebensweisung erhalten. Sie sind in Jahwes Volk.

Wenn das Deuteronomium bei der Begründung dieser Bestimmungen daran erinnert, daß die Israeliten in Ägypten Fremde gewesen sind (Dtn 10,19), weist es zugleich auf die integrierende Kraft hin, welche die bisher Fremden zu einer Gemeinschaft zusammenband: Es ist Jahwe, der sie miteinander verbindet, indem er sie an sich bindet. Im Buch Josua steht die Ätiologie dazu: der Bundesschluß in Sichem (Jos 24). Dieser Text bewahrt noch eine Erinnerung daran, daß nach dem Einzug der Mose-Gruppe in Kanaan andere zum Volk des Herrn hinzugekommen sind, indem sie sich auf seine Verehrung verpflichten[26]. Das deuteronomische Gemeinde-Gesetz zieht bereits eine weitergehende Folgerung daraus: Ägypter, die in Israel leben, dürfen in der dritten Generation, d.h. wohl, wenn sie sich in Israel eingelebt und seine Anschauungen übernommen haben, in die Versammlung des Herrn aufgenommen werden (Dtn 23,9), dagegen Ammoniter und Moabiter, die sich gegen Israel gestellt haben, nicht. Für Edom aber, Israels »Bruder«, ist die Verwandtschaft Anlaß zur Aufnahme (V. 4–8). Es muß jedoch darauf geachtet werden, daß er die Voraussetzungen erfüllt, die gegeben sein müssen, damit jemand in der Gemeinde Jahwes sein kann. Das ist die Anerkennung des Gottes Israels und die Beachtung seines Willens nach dem deuteronomischen Gesetz.

In der Priesterschrift wird »der Fremde« (*ger*) zu einem mehr sakralrechtlichen Begriff, der ihn in gewissem Sinn an das Volk Jahwes anbindet, auch wenn er in Lev 25 »den Typus eines nichtisraelitischen Fremden« bezeichnet, »von dem sich die Gemeinschaft nach außen abzugrenzen versucht«[27]. Man kann dieses Anliegen und die entsprechenden Verfahrensweisen aus der im Perserreich gegebenen Situation einer großen Mobilität der Bevölkerung verstehen. Juden, deren Eltern nach Babylonien verschleppt waren, konnten zurückkehren. Mit ihnen kamen sicherlich auch Andersstämmige in die Gemeinde des Herrn. Nun waren die Bedingungen zu klären, unter denen alle diese »Fremden« in dem ihnen jeweils angemessenen Verhältnis zur Jerusalemer Kultgemeinde standen[28]. Diese Fremden, wenn sie als Nichtisraeliten in der Gemeinde Jahwes leben, sind dem Gesetz des Herrn unterstellt, das für das Jobeljahr gilt, und dadurch eingeladen, Verbindung mit dem Gott Israels aufzunehmen. Will einer das Pascha zur Ehre des Herrn mitfeiern, muß er sich beschneiden lassen (Ex 12,48). »Die Beschneidungsforderung zeigt, daß es sich bei diesem Typus des *ger* um einen ursprünglichen Nichtisraeliten handelt«, bei dem durch die Beschneidung eine Aufhebung der religionsgeschichtlichen Unterscheidung statuiert wird[29].

»Er gilt dann wie ein Einheimischer« (V. 48). Hier »gilt für Einheimische und für Fremde dasselbe Gesetz« (V. 49). Der Fremde übernimmt das Zeichen der Zugehörigkeit zum Volk des Herrn. Jahwe und seine Weisung sind es, die ihn einbinden.

Auch dem Ausländer (*nòkrī*), der in seinem Land wohnen bleibt, schlägt nicht nur Ablehnung entgegen. Die Ausländer werden in Heilsworte einbezogen: Sie schaden in der Zeit, da Gott für sein Volk Heil wirkt, nicht mehr (Jes 62,8), bauen die Mauern Jerusalems wieder auf (60,18) und führen die Herden Israels auf die Weide (61,5). Sie kommen wegen des großen Namens Jahwes zum Tempel und beten dort an (1 Kön 8,41). Sie werden dort nicht abgewiesen, sondern dürfen sich seinem Volk anschließen (56,3.6), und Jahwe nimmt sie als seine Verehrer an. Die Proselyten, die hier (vgl. auch Jes 14,1; Sach 2,15; Est 9,27; Dan 11,34) als »die sich Jahwe angeschlossen haben«, bezeichnet werden, stehen bereits im Blick. »Es geht um die ganz neue Möglichkeit, daß ein Ausländer sich dem israelitischen Gottesdienst anschließt. Sie hat zwei Voraussetzungen: eine äußere, die Trennung der Jahwe-Gemeinde vom Staatswesen; eine innere, das von Deuterojesaja verkündigte Heilsangebot Jahwes an die Völker, bes. 45,20–25.«[30]

Das Problem der Stellungnahme und der Beziehung zu den Ausländern, den Nichtisraeliten, hat sich nach dem Exil verschärft. Es ging nun nicht mehr einfach darum, wie man als Bewohner des gleichen Ortes und Landes neben- und miteinander lebt. Als neue Dimension, die sich auswirken mußte, trat der Glaube an den einen und einzigen Gott hinzu. Als sein Volk sah sich Israel erwählt, zu seinem Eigentumsvolk gemacht und dadurch von den anderen Völkern abgegrenzt[31]. So »ergibt sich, daß das Verhältnis zwischen Israel und den Völkern (*gōjim*) in seiner Exklusivität und seiner darob nicht zu übersehenden Universalität durch die jüdische Erwählungsgewißheit bestimmt wurde. Wer zu den Völkern gehört, ist Ausländer (*nòkrī*) und hat als solcher keinen Anteil an Israel. Anders verhält es sich mit dem Fremden (*ger*). Soweit unter ihm nicht bereits ein Proselyt zu verstehen ist, handelt es sich bei ihm um einen Ortsfremden, der an seinem Aufenthaltsort weder Acker noch Sippe besitzt, aber trotzdem Israel zugehört«[32]. Letzteres ist allerdings für die Priesterschrift nicht ohne weiteres, sondern nur durch Einbindung in die Torah gegeben. So wird man sagen dürfen, »daß auf jeden Fall das Bekenntnis zu Jahwe als dem einzigen und wahren Gott und bei Männern die Übernahme der gemäß Gen 17,10–14 unerläßlichen Beschneidung die unverrückbare Grenze zwischen Juden- und Heidentum darstellt«[33].

Abgeschrieben und in eine fremde Ferne hinausgestoßen sind die Völker nach dem Alten Testament dennoch nicht. So schwer sich Israel auch wegen seiner Erfahrung von Unterdrückung und Ausbeutung und eigens gestellt durch die Verehrung des einen Gottes auch in seiner Beziehung zu den anderen Völkern tut, sie sind nicht einfachhin ausgeschlossen. Sie sind eingeladen, Jahwes Weisung anzunehmen und damit ihn als den alleinigen Gott anzuerkennen (Jes 2,2–4) und sich so mit dem Volk des Herrn zu verbinden

(Jes 19,23–25). Dann ist in dem Dienst des einen Gottes alle Fremdheit aufgehoben. Ausgenommen ist allerdings jene, die alle betrifft, auch das Volk Gottes. Niemand ist vor Gott der Besitzende, eingebürgert in ohne ihn geltende Ansprüche und Rechte, so daß der Herr »wie ein Fremder im Land« (vgl. Jer 14,8) wäre. In einem Dankgebet nach Eingang der Spenden für die Erbauung des Tempels läßt 1 Chr 29,14f. den König David sagen: »Von dir kommt alles; und was wir dir gegeben haben, stammt aus deiner Hand. Denn wir sind nur Gäste bei dir wie alle unsere Väter.«
Jahwe sagt: »Das Land gehört mir. Und ihr seid nur Fremde und Halbbürger bei mir« (Lev 25,23). Ein Mensch, der angefochten ist und seine Vergänglichkeit spürt, nimmt dieses Wort, das die bleibende Verfügungsgewalt Jahwes über Israels Land unterstreicht, im übertragenen Sinn und sagt: »Ich bin nur ein Gast bei dir, ein Fremdling wie alle meine Väter« (Ps 39,13). Er begibt sich damit als fremd auf der Erde (Ps 119,19) unter Gottes Schutz (Ps 146,9). Jahwe überwindet das Fremdsein.

C. Der Feind

Menschen stehen nicht selten in Gegensatz zueinander. Die Besonderheit und Andersartigkeit, die sie verschieden sein in ihrem Wesen, unterschiedlich in ihrem Verhalten und je eigen in ihrem Tun sein lassen, sind ihnen ins Leben mitgegeben. Sie sind kein Nachteil, wenn sie je auf ihre Weise zum Wohl des Ganzen fruchtbar gemacht werden und beitragen. Sie wirken sich schädlich aus, sobald sie gegeneinander ausgespielt werden. Dann kommt es zum Widerstreit und zum Austragen der Gegensätze, zu Gefühlen und Handlungen der Ablehnung und Bekämpfung dessen, was nicht dem eigenen Sein und Wollen entspricht. Zu allen Zeiten hat die Menschheit solches erlebt und auch versucht, damit umzugehen. Das alte Israel macht hier keine Ausnahme. In Texten, die es in seinen heiligen Schriften überliefert hat, werden diese Sachverhalte bezeugt und dargestellt.
Hinzu kommt das menschliche Streben, in den Lebensraum eines anderen einzugreifen, den eigenen auf Kosten der Mitmenschen auszuweiten, Einfluß zu eigenen Gunsten und Vorteilen zu gewinnen und die Mittel, um diese Ziele zu erreichen, einzusetzen. Auch diese Machenschaften sind dem Volk des Alten Bundes nicht fremd. Sie sind ihm von außen her widerfahren, wirken sich aber auch in seinem Innern, im Umgang der Israeliten mit ihresgleichen aus.
Schließlich gibt es nach Auffassung der Alten Welt auch geheimnisvolle Mächte im außer- und übermenschlichen Bereich, die Einfluß nehmen. Es sind Dämonen vielerlei Art. Sie gelten vielfach als Gegner der Menschen. Man fürchtet, daß sie in mancherlei Weise auf die menschliche Existenz einwirken können. Ihr angebliches Wirken wird als Angriff empfunden. Auch Israel fürchtet Dämonen.

1. Feinde des Volkes als Strafe Jahwes

Alle, die in Gegensatz zum Gottesvolk oder zum einzelnen in Israel stehen und ihn in Wort, Verhalten und Tat deutlich und wirksam machen, bezeichnet das Alte Testament mit dem Wort »Feind« (*'ojeb*), mit dem die Tatsache der Gegnerschaft ausgedrückt wird. Begriffe wie »Bedränger« (*ṣār*) und »Hasser« (*ś'one'*), die oft parallel stehen, bringen eher die Art der Einwirkung zum Ausdruck. »Im Alten Testament wie im Neuen Testament lebt der Mensch in einer Welt, die von Feinden in vielfältiger Gestalt bevölkert ist. Mit dem Thema Feindschaft haben sich die biblischen Autoren immer wieder auseinandergesetzt, wobei das Spektrum der Stellungnahme von der Feind-Vernichtung bis zur Feindesliebe reicht.«[1] Gewiß wird in den alttestamentlichen Schriften ausführlich über die Feinde, ihre Pläne und ihr

Treiben gesprochen. Sie werden auch, wenn es sich um Feinde des Volkes oder des Königs handelt, in den geschichtlichen Büchern mit Namen genannt und vorgestellt. Ihre Gesinnung und Einstellung wird schier überall kenntlich gemacht. Es wird ebenfalls mitgeteilt oder beschrieben, was sie tun, wie sich also die Feindschaft äußert, zu welchen Taten sie antreibt und wie sie sich auf das Verhältnis der Kontrahenten auswirkt. Bei der von anderen Völkern ausgeübten Feindschaft gegenüber Israel handelt es sich um Streit über den Besitz von Land und seinen Erträgen, um Unterdrückung einer Bevölkerung, die abhängig gemacht, beherrscht und für die Zwecke und Ziele der fremden Oberherren eingesetzt werden soll. Versklavung der im Krieg überwältigten und gefangenen Menschen, Wegführung in anderes Land, Ansiedlung andersstämmiger sind Verfahrensweisen des Feindes, die auch Israel nach dem Fall des Nordreichs (721) und später nach dem Untergang Jerusalems (586 v. Chr.) erlebt hat (vgl. 2 Kön 17,24–41; 25,8–26 u. a.). »Das eigene Volk bzw. der Held der Erzählung«, die von Kämpfen berichtet, »werden nie als (*'ojeb*) bezeichnet; der Feind ist immer der von außen kommende Angreifer. So heißt es häufig, daß Israel gegen seine Feinde kämpft, während es nie selbst als *'ojeb* vorgestellt wird«[2]. In diesem Wortgebrauch zeigt sich, daß »Feind« im Alten Testament nicht ein Begriff ist, der einen objektiven Sachverhalt, eben die Einstellung und das Handeln eines jeden der miteinander in Streit liegenden Kontrahenten bezeichnen soll, sondern eine Wertung ausspricht. Sie benennt und bewertet von Israel aus den anderen. Es geht im Alten Testament nicht um den Versuch, Völker oder Menschen, die verfeindet sind, zu einem friedlichen Übereinkommen zu bewegen, so daß sie ihre Feindschaft ablegen und so das Problem der Feindschaft lösen. Das Alte Testament nimmt Stellung dazu. Wichtig ist dabei der Bezugspunkt, von dem her diese Bewertung eines anderen als Feind und seines Agierens als Feindschaft durchgeführt und verantwortet wird.

Dieser Bezugspunkt ist das besondere Verhältnis Israels zu seinem Gott Jahwe. Alles, was in der Gesinnung, im Gebaren und in den Aktivitäten der umliegenden Völker nicht mit dem übereinstimmt, was der Herr seinem Volk zugesagt und also gegeben hat, ist Feindschaft. Jahwe hat nach Israels Überzeugung seinem Volk das Land verliehen, in dem es leben soll, und will, daß es zahlreich und stark sei und nicht von anderen dominiert werde. Mit Bedacht sind diese Zusagen und Gaben in die Torah hineingeschrieben worden: Sie werden in den Vätergeschichten als Verheißung durch Gott verkündet, in der Befreiung aus der Knechtschaft Ägyptens demonstriert und in der Weisung an und durch Mose der Verwirklichung entgegengeführt. Eine Bedingung ist immer mit der Verwirklichung dieser Gaben und ihrem Fortbestand verbunden: Israel muß Jahwe, seinem Gott, dienen. Für den Fall, daß dies nicht geschieht, werden diese göttlichen Gaben und damit die Existenz Israels in Frage gestellt.

Feindliche Völker erheben sich gegen das Volk Jahwes, ja er selber läßt sie aufstehen gegen Israel. Propheten sagen dies an. Als erster kündigt wohl

Amos (3,11) Israel im Jahwewort an, daß der Feind das Land umzingeln, seine Macht niederreißen, seine Paläste zerstören wird und daß die Menschen vor ihren Feinden in die Gefangenschaft ziehen werden (9,4). In der Tat, Jahwe hetzte seine Feinde gegen Jakob auf, Aram im Osten, die Philister im Westen; sie fraßen Israel mit gierigem Maul (Jes 9,10). Jeremia sieht und sagt, daß Jahwe die Stadt Jerusalem und das Land den Feinden ausliefert (Jer 6,25; 12,7; 15,9 u.ö.). Wenn die Propheten das Stichwort »Feind« in ihren Unheilsankündigungen verwenden, bringen sie, besonders Jeremia, zum Ausdruck, daß Jahwe sich veranlaßt sieht, gegen seinen ursprünglichen Willen und Plan, die er bereits in die Tat umgesetzt hat, zu handeln. Der Feind will vereiteln, was der Herr seinem Volk zugedacht, bzw. rückgängig machen, was er ihm geschenkt hat. Durch das Ausliefern an die Feinde erhält die Strafaktion Gottes eine es verschärfende Note. »Israel hat das Gute verworfen; darum soll der Feind es verfolgen« (Hos 8,3). Erweist der Herr nun seine Gunst denen, die Israel verderben wollen? Das Buch der Klagelieder scheint so zu empfinden, wenn es von den Feinden spricht (Klgl 1,5.7.8f.16f.21 u.ö.).

Die deuteronomische und die priesterschriftliche Theologie haben die prophetische Auffassung von der Bedrohung durch Feinde als Strafe Jahwes aufgegriffen und in der Androhung des Fluchs, der auf der Übertretung der Weisungen Gottes steht, verwendet. Unter all den Übeln und dem Unheil, das Jahwe (Dtn 28) für den Ungehorsam in Aussicht stellt, sind auch die Auslieferung des Volkes, seiner Herden und Ernteerträge an die Feinde (V. 25f.31f.33) sowie der Verlust des Landes (V. 63ff.). Am Ende des Heiligkeitsgesetzes (Lev 26) werden ebenfalls die Strafen angekündigt, die der Herr verhängen wird, wenn Israel seine Satzungen mißachtet, seine Vorschriften verabscheut, seinen Bund bricht und keines seiner Gebote befolgt (V. 15). Unter den Strafen, die in Stufen verfügt werden (Lev 26,14–17. 18–22.23–26.27–38), steht jeweils auch die Bedrängnis durch Feinde und immer stärker die Drohung der Verschleppung in Feindesland mit der Aussicht, daß das Volk dort zugrunde geht (V. 38). Die Situation, in der die Priesterschrift verfaßt ist, schlägt auch hier durch. Daß Niederlage im Kampf mit den Feinden auf den Ungehorsam gegenüber der Weisung Jahwes folgt, wird nach Num 14,42–45 Israel noch während der Wüstenwanderung vor Augen gestellt. Es wird auch zu Beginn der Landnahme dem Volk im Kampf um Ai gezeigt (Jos 7). Doch Feindesnot soll für das Volk des Herrn ein Anruf sein, daß »sie die Schuld eingestehen, die sie selbst und ihre Väter begangen haben durch ihren Treubruch und auch dadurch, daß sie mir feindlich begegnet sind, so daß auch ich ihnen feindlich begegnete und sie in das Land ihrer Feinde führte« (Lev 26,40f.). Angriffe von Feinden haben im Plan Jahwes nicht das Ziel, sein Volk zu vernichten, sondern es zur Einsicht und Umkehr zu bringen, zur Hinwendung an den, der Feindesnot überwinden kann.

2. Rettung vor den Feinden Israels durch Gott

Was Jahwe zu Mose (Dtn 1,42) sagt, gilt immer: »Ich will nicht, daß eure Feinde euch niederstoßen.« An dieser, hier nur im Nebensatz geäußerten und darum wie selbstverständlich betrachteten Grundeinstellung Gottes wird trotz der Erfahrung von Niederlagen festgehalten. Das Überstehen feindlicher Attacken und die Überwältigung der Gegner werden der Hilfe Jahwes zugeschrieben. Dies sicher mit Recht. Denn Israel wußte, wie klein im Vergleich zu anderen Völkern und Mächten es war (Dtn 7,7, vgl. Am 7,2.5). Es ist erstaunlich, daß es, von Feinden in seiner Geschichte stets bedrängt, überleben konnte. Der Herr, sein Gott, hat es immer wieder aus aller Feindesnot gerettet.

In deuteronomischer Theologie wird auch dieses Handeln Jahwes gesehen, gewürdigt und hervorgehoben. Gott hält sich, wenn Israel gegen seine Feinde ziehen muß, in der Mitte des Lagers auf, um das Volk der Gefahr zu entreißen und ihm die Feinde auszuliefern (Dtn 23,15). Für den Gehorsam gegenüber seinen Geboten verheißt er, daß er die Feinde niederstoßen wird (28,7). Er jagt sie vor ihm her (6,19; 33,27). Die Heimkehrverheißung wendet in 30,7 alle Strafandrohungen des Deuteronomiums den Feinden und Gegnern Israels zu, und auch die Segenszusage nach dem Heiligkeitsgesetz verstärkt diese Verheißung der Hilfe noch (Lev 26,7f.).

Das deuteronomistische Geschichtswerk ist eine große Darstellung des Beistands und der Rettung, die Gott seinem Volk gegen seine Feinde zuteil werden läßt. Es stellt sich die Frage nicht, wie denn die Kriege Josuas, der Richter, Samuels, Sauls und Davids zu beurteilen seien. Sie werden, was die Philisterkämpfe anbelangt, sicherlich historisch zutreffend als Abwehrkämpfe gegen Fremdherrschaft gewertet. Im übrigen aber werden sie als Vollzug des göttlichen Willens, Israel das Land zu geben, verstanden. Wer sich dem entgegenstellt, ist Feind. Gegen ihn greift Jahwe ein. Es sind allerdings drei Aspekte dabei zu beachten, die in deuteronomischer Beurteilung klar herausgehoben werden: Jahwe ist der Herr des Landes, das er geben kann, wem er es geben will (vgl. Dtn 2,14–3,17; 8,9; 11,22–25). Die Völker, die jetzt im Land wohnen, werden von Gott vertrieben, weil sie in Schuld (*riš'āh*) durch ihre Freveltaten sind (9,5). Jahwes Volk darf im Land leben, wenn es den Willen Gottes erfüllt (8,19f.).

Diese Israel treffende Bedingung und ihre Auswirkung auf das Verhältnis zu den Feinden macht die deuteronomistische Geschichtsdarstellung zum theologischen Thema des Richterbuchs. Sie sieht den Engel des Herrn in Gilgal erscheinen, der das Volk anklagt, daß es nicht auf Gott gehört hat, und ihm sagt, daß die Völker nun Widerstand leisten werden. Das geschieht in der Zeit der Richter: Die Israeliten verlassen Jahwe und dienen anderen Göttern. Da entbrennt sein Zorn, und er liefert sie ihren Feinden ringsum aus, so daß sie keinen Widerstand mehr leisten können. Dann aber hatte der Herr Mitleid mit ihnen, wenn sie über ihre Unterdrücker klagten, sich ihm also wieder zuwandten, und setzte Richter ein, die sie aus der Hand ihrer

Feinde befreiten. Doch sie wurden wieder rückfällig, und Jahwes Zorn entbrannte aufs neue (Ri 2,11–23). So wiederholte sich die Feindesnot und nach Klage und Hinkehr zum Herrn die Rettung.
Es ist der Heilswille Gottes, der immer wieder Feinde abwehrt. Davon spricht das Alte Testament oft. Er verschafft schließlich (2 Sam 3,18) David (7,1) und auch dessen Sohn Salomo (1 Chr 22,9) und damit, wie bereits zu Zeiten Jiftachs (1 Sam 12,11), seinem Volk Israel Ruhe von allen Feinden ringsum. So machte der Herr wahr, was er in deuteronomischer Sprache vor dem Bundesschluß am Sinai zugesagt hatte: »Wenn du auf meine Stimme hörst und alles tust, was ich dir sage, werde ich der Feind deiner Feinde sein und alle in die Enge treiben, die dich bedrängen« (Ex 23,22). »Alle deine Feinde lasse ich vor dir die Flucht ergreifen« (V. 27). Auch nachdem der deuteronomistische Verfasser den Untergang des Reiches Israel berichten mußte, stellt er noch einmal den Heilswillen Jahwes heraus: »Den Herrn allein, euren Gott, sollt ihr fürchten. Er wird euch aus der Gewalt all eurer Feinde erretten« (2 Kön 17,39).
Von den Taten Jahwes, der die Feinde seines Volkes überwindet, singen auch Israels Lieder. Das große Beispiel göttlicher Hilfe ist die Herausführung aus Ägypten. Sie wird im Schilfmeerlied gerühmt, in dem der Pharao und seine Streitmacht als Feinde bezeichnet werden. Sie wurden von der rechten Hand des Herrn zerschmettert, er warf sie ins Meer (Ex 15,6.4). In der Überlieferung Israels wird auch die Landnahme als Sieg Jahwes gefeiert (Ps 44,2–4). Er, nicht Israel, hat mit seinem machtvollen Eingreifen das Land für sein Volk gewonnen. An diese beiden großen Rettungstaten wird erinnert, nachdem die Katastrophe über das Nordreich hereingebrochen ist (Ps 80). Nur der Herr kann sein Volk vor dem völligen Untergang, den ihm die Feinde bereiten wollen, bewahren. Dem Feind kann nur er wirksam wehren. Diese Erfahrung wird zum Anlaß, ihn um Abwendung der Bedrängnis durch Feinde, die eindringlich geschildert wird, zu bitten. Auch nach einer Niederlage wird Gottes verfügende Macht über die feindlichen Völker gerühmt (Ps 60,8ff.). Und die Bitte um Hilfe im Kampf gegen den Feind (V. 13) endet in der Zuversicht: »Mit Gott werden wir Großes vollbringen; er selbst wird unsere Feinde zertreten« (V. 14). Und selbst nach einer bitteren Klage über die Verwüstung des Tempels und die Zerstörung Jerusalems (Ps 79) wird auf die Gemeinschaft hingewiesen, die zwischen Gott und seinem Volk besteht. Er selber ist durch Israels Feinde herausgefordert. Sein Eingreifen geschieht in dieser Zeit und Welt. Erst in der endgültigen Heilszeit wird kein Feind mehr schaden können. Dann ist Gottes Stadt verherrlicht, und er wird Wirklichkeit werden lassen, was er »bei seiner rechten Hand und bei seinem starken Arm geschworen hat: Nie mehr gebe ich dein Korn deinen Feinden zu essen. Nie mehr trinken Fremde deinen Wein, für den du so hart gearbeitet hast« (Jes 62,8). Doch er kann auch jetzt nicht übersehen, daß er herausgefordert ist. Wo die Stichworte »Feind, Bedränger, Hasser« auftauchen, ist in der heilsgeschichtlichen Schau Jahwe tangiert.

3. Feinde Gottes

Wenn der Herr das Land seinem Volk gibt, wendet sich jeder, der dies verhindern oder rückgängig machen will, es sei denn, er habe als Werkzeug der göttlichen Strafe einen Auftrag dieses Gottes, gegen ihn. Er wird zum Feind Jahwes. Dasselbe ist der Fall, wenn jemand dem im verliehenen Land nun wohnenden Israel das Lebensrecht beschneidet und die Lebensmöglichkeit nimmt. Wehrt sich Israel und kämpft es gegen jene, die ihm Land und Bestand streitig machen, dann tritt es nach seiner Überzeugung auch gegen die Feinde Jahwes an. Darum singt das Lied der Debora nach dem Sieg einer Koalition israelitischer Stämme über Kanaans Könige bei Megiddo: »So gehen all deine Feinde zugrunde, Herr« (Ri 5,31). Die sogenannten Ladesprüche (Num 10,35f.) bezeugen ebenfalls die Auffassung, daß Israels Kriege auch die Kämpfe Jahwes gegen die gemeinsamen Feinde sind: »Steh auf, Herr, dann zerstreuen sich deine Feinde, dann fliehen deine Gegner vor dir.« Die Ladeerzählung läßt die Israeliten sagen: Jahwe »soll in unsere Mitte kommen und uns aus der Gewalt unserer Feinde retten« (1 Sam 4,3). Hier muß das Volk allerdings die Erfahrung machen, daß sich der Herr nicht kommandieren läßt. Denn Israel unterliegt, und der Herr gibt sogar die Lade, das Zeichen seiner Gegenwart, in die Hand der Feinde. David, der noch zu Lebzeiten Sauls bereits als König handelt, der sein Volk gegen die Feinde verteidigt, schickt nach seinem siegreichen Kampf gegen die Amalekiter einen Teil der Beute an die Ältesten von Juda und sagt: »Hier ist ein Geschenk für euch aus der Beute von den Feinden des Herrn« (1 Sam 30,26). Eine späte Beispielerzählung zu der Anschauung, daß Israels Feinde auch die Gegner Jahwes sind, bietet 2 Chr 20,1–30. In ihr bringt Joschafats Gebet (V. 6–12) die heilsgeschichtliche Begründung. Jahwe agiert wie ein Feldherr, indem er irgendwelche Feinde gegen die Angreifer herbeiführt. Seinem Volk bleibt nur die Rolle des Zuschauers, wie es sich schon die alte Überlieferung vom Schilfmeerereignis (Ex 14f.) vorstellt. Auch Völker, die andere unterdrücken, sind Feinde des Gottes Israels (Dtn 32,41; Jer 46,10; Nah 1,2.8).
Mit dieser Auffassung wird eine Grenze überschritten, die durch die Identifizierung der politischen Feinde Israels als Gegner seines Gottes (vgl. Ps 68,2f.; 83,3; 129,4f.) gegeben war. Zwei Worte in Tritojesaja stehen wohl im Übergang: Jes 59,18 und 66,6.14. In ihnen werden die Feinde Jahwes so gezeichnet, als seien sie fremde Völker[3]. Hier spielt sicherlich das Motiv vom Ansturm der Völker herein, dem zufolge Jerusalem bzw. der Zion, die Stätte der Gegenwart Jahwes, angegriffen, jedoch von Israels Gott verteidigt wird und die Angreifer abgewehrt, besiegt oder vernichtet werden (vgl. Jes 29,1–8; 63,1–6; Joel 4 u.o.). Aber es hat den Anschein, daß in Wirklichkeit böse Taten im Blick stehen, die in der Gemeinde des Herrn geschehen sind, wenn gesagt wird, daß Getöse aus dem Tempel dringt und der Herr seinen Feinden vergilt (66,6). Ganz allgemein spricht der Prophet, der vorher die sich in der Gemeinde auftürmenden Hindernisse für das Kommen des Heils genannt und beschrieben hat: »Wie es die Taten verdienen, so übt er Ver-

geltung; er zürnt seinen Gegnern und vergilt seinen Feinden; bis hin zu den Inseln übt er Vergeltung« (59,18). In der Gerichtsankündigung gegen Jerusalem (Jes 1,21–31) droht der Herr, daß er seine Gegner strafen und sich an seinen Feinden rächen wird (V. 24). Die Drohworte greifen die Ausdrucksweise auf, in welcher der »Tag des Herrn« dargestellt wird[4]. »Gestern noch war es mein Volk, jetzt steht es da als mein Feind« (Mi 2,8). Micha richtet dieses Jahwewort gegen die Besitzenden im Volk, die andere, vor allem wehrlose, um ihr Eigentum bringen. Solche Menschen richten ihre Aktivitäten gegen den Heilswillen des Gottes Israels. Sie stellen sich in Gegensatz zu ihm. Sie werden schuldig (*rāšāʿ*) vor ihm. Man kann sie als Frevler oder Gottlose bezeichnen. Auch wenn sie in seinem eigenen Volk leben, sind es doch Gottes Feinde. Und wenn sie ihre Taten auch nicht direkt gegen den Herrn richten, sind sie seine Gegner. Die Propheten verkünden, daß Gott nicht gleichgültig bleibt und dem Treiben, das ihn mißachtet und sich gegen ihn wendet, nicht tatenlos zusieht. Weisheitliche Lehre geht davon aus, daß Gott nach dem Grundsatz der Entsprechung von Tat und Tatfolge einschreiten muß: »Deine Hasser werden sich kleiden in Schmach; das Zelt der Frevler besteht nicht mehr« (Ijob 8,22). Ijob, der sich keiner Schuld bewußt ist, den die Freunde aber auf Grund seiner schweren Krankheit für einen schuldbeladenen Menschen halten, macht Gott Vorwürfe, daß er ihn wie einen Feind verfolgt (19,11). Frevler und damit Gegner Jahwes werden die genannt, die gegen sein Volk vorgehen (Ps 83,3; 129,4f.). Aber auch der einzelne sieht seine Feinde als Gegner seines Gottes (Ps 73,19; 139,19ff.). Er ist davon überzeugt, daß die Bewährten Bestand haben, die Frevler aber zugrunde gehen, verwelken wie die Pracht der Auen und wie Rauch hinschwinden (37,20). Er leitet daraus die Mahnung ab, auf den Herrn zu vertrauen, der seine Feinde vergehen läßt, die Gerechten hingegen nicht verläßt, sondern segnet. Und er ermutigt sich selber zum Gottvertrauen. Der Fromme, der sich vor dem allwissenden und allgegenwärtigen Gott bewußt wird, daß der Herr den Menschen ganz durchschaut, sagt über die Feinde Gottes: »Sie reden über dich voll Tücke und mißbrauchen deinen Namen. Soll ich die nicht hassen, Herr, die dich hassen, die nicht verabscheuen, die sich gegen dich erheben? Ich hasse sie mit glühendem Haß; auch mir sind sie zu Feinden geworden« (139,20ff.). Doch auch hierbei sieht der Psalmist nicht vom eigenen Ergehen ab. Er spricht den Wunsch und die Hoffnung aus, daß die blutgierigen Menschen von ihm ablassen (V. 19).

Es zeigt sich also ein komplexes Bild der Feinde Gottes in den alttestamentlichen Texten. Weil sie gegen das Volk des Herrn vorgehen und insofern sie damit Widerstand gegen den Heilswillen Gottes leisten oder ihn durchkreuzen, sind sie Feinde Jahwes. Diese wird er überwinden, sie verderben und ihre Macht vernichten. Sie laden Schuld auf sich, weil sie dem Willen Gottes zuwider handeln. Wer sich ihm entgegenstellt, tritt gegen Gott an. Da auch der einzelne Glied des Volkes Gottes ist, wird er von dieser wechselseitigen Beziehung betroffen. Er selbst darf nicht zum Gegner Gottes werden, wenn seine Feinde es sind.

4. Persönliche Feinde: Realität und Projektion

Wie in allen menschlichen Gesellschaften gab es auch innerhalb des Alten Israel Menschen, die gegeneinander standen, einander ablehnten, andere zu verdrängen suchten und aus einer derartigen Haltung Taten folgen ließen. Feindschaft ist hier auf einer Ebene angesiedelt, die von jener der Völkerfeindschaft unterschieden ist. Zwar ist man gegen einen Fremden mißtrauisch und neigt daher dazu, ihm abweisend zu begegnen. Aber gegen jemand, der zu einem fremden Volk gehört und dort lebt, der zudem bis zum Zusammentreffen in kriegerischer Auseinandersetzung unbekannt ist, hat der einzelne von sich aus keine feindselige Einstellung. Auch wenn von den Feinden des Königs (vgl. 2 Sam 22,4; Ps 21,9; 45,6 u.ö.) die Rede ist, sind die des Volkes im Blick, kaum persönliche Widersacher des Herrschers in seiner Umgebung. In der Auseinandersetzung zwischen Saul und David jedoch geht es um persönliche Rivalität, wie Saul selbst sagt (1 Sam 19,17).
Während die Feinde des Volkes allem Anschein nach in der vorexilischen Zeit und naturgemäß bei der Klage über den Untergang Jerusalems und Judas im Blick stehen (Ps 44,8.11.17; 74,3 u.o.), sind es in nachexilischer Zeit mehr die Feinde des einzelnen. Mi 7,5.6[5] z. B. zeichnet wohl in einer besonderen Situation ein düsteres Bild: »Traut eurem Nachbarn nicht, verlaßt euch nicht auf den Freund. Hüte deinen Mund vor der Frau in deinen Armen! Denn der Sohn verachtet den Vater, die Tochter stellt sich gegen die Mutter, die Schwiegertochter gegen die Schwiegermutter, jeder hat die eigenen Hausgenossen zum Feind.« Gewiß gab es auch in der Königszeit und schon in der vorstaatlichen Epoche Anlaß zu der einen oder anderen derartigen Klage und Warnung. Aber die uns überlieferten Texte, in denen Menschen davon sprechen, daß sie von anderen bedrängt werden, stammen aus späterer Zeit, in der das Schicksal des einzelnen stärker in den Blick rückte. Zeugnisse dafür finden sich vor allem in den Psalmen. In ihnen werden diese Gegner als »Feinde« vorgestellt, um mit diesem Begriff ihr unberechtigtes Vorgehen zu bezeichnen. Derjenige, der über sie klagt und Gott gegen sie um Hilfe bittet, nennt sich nicht »Feind« im Verhältnis zu ihnen, es sei denn, es handelt sich um die Feinde Jahwes (Ps 139,22) oder um zwiespältige Menschen (Ps 119,113). Letztere lehnt er ab, haßt er nur deswegen, weil sie Gottes Gebote nicht halten, also Jahwes Feinde sind.
Die Feinde des einzelnen werden nach ihrem Tun und Verhalten mit weiteren Begriffen und Wendungen näher bezeichnet, wobei der Bezug zum Sprechenden deutlich hergestellt ist: Es sind meine Feinde (Ps 3,8; 6,11; 17,9 u.o.; mein Feind Ps 13,3.5; der Feind Ps 7,6; 31,9 u.o.), Bedränger (Ps 3,2; 13,5; 27,2.12), Verfolger (Ps 7,2; 31,16; 142,7), Widersacher (Ps 59,2), Verleumder (Ps 5,9; 27,12; 54,7), Hasser (Ps 35,19; 38,20; 41,8; 69,5; 86,17), Bekämpfer (Ps 35,1; 56,2f.). Es sind diejenigen, die »mir nach dem Leben trachten« (Ps 35,4; 40,15), die »auf mein Leben lauern« (71,10), die »meine Seele verklagen« (71,13), die »mein Unheil planen« (35,4), die »mein Unheil suchen« (71,13), die »an meinem Unheil Gefallen finden« (40,15). Sie treten

auf wie Räuber (35,10), als Verhöhnende (102,9). »Charakteristisch ist für diese Ausdrücke, daß sie alle« deutlich »eine Beziehung auf die Person des Beters haben. Neben ihnen stehen andere, welche die Feinde ihrem Wesen nach kennzeichnen wollen. Da begegnet der Ausdruck *rāšā'*, der ursprünglich dem Rechtsleben angehört und den mit Recht Verurteilten bezeichnet, dann aber überhaupt allgemein die Bedeutung ›Frevler, Gottloser‹ erhalten hat. Da werden die Feinde bezeichnet als ›vermessen‹, ›gewalttätig‹, ›frech‹, als ›lügnerische Zeugen‹, ›böse Menschen‹, ›unfrommes Volk‹ usw.«[6]. Einige Male werden sie »Übeltäter« (Ps 5,6; 6,9 u.ö.), einmal »frevelhaft Treulose« (Ps 59,6) genannt.
»Neben diesen kurzen Ausdrücken steht eine ganze Reihe von Aussagen, welche das Treiben der Feinde schildern. Zwar gewähren sie ein gewisses Bild der Feinde, aber liefern im ganzen doch nur sehr allgemeine und wenig im einzelnen greifbare Züge. Was dagegen völlig deutlich wird, ist der Eindruck des Verhaltens der Feinde auf den Frommen und sein Urteil darüber.«[7] Die Gefährlichkeit und die Übermacht, die stark empfundene Bedrohung und die oft nicht feststellbaren Pläne der Feinde werden mit Bildern umschrieben. »Drei Bildkreise veranschaulichen das unheimliche und grausame Treiben der Feinde. 1. Die Feinde des einzelnen werden mit einem feindlichen Heer verglichen, das den hilflosen angreift und übermächtig umlagert.«[8] Nicht nur der König, auf den diese Bildsprache zunächst zu passen scheint, sondern jeder konnte in der kriegerischen Auseinandersetzung solche Situationen erleben. 2. »Die Feinde des einzelnen werden mit Jägern oder Fischern verglichen, die ihre Beute zu fangen versuchen.« Hier sind es vor allem die Züge des Lauernden und Nachstellenden, die im Bildvergleich eine Rolle spielen«[9], mit Falle, Grube, Pfeilen aus dem Hinterhalt, Netzen verdeutlicht. 3. »Die Feinde des einzelnen werden mit wilden, reißenden Tieren verglichen, die den Menschen plötzlich überfallen«, deren »zerfleischenden Zähnen« er ausgeliefert ist[10]. Es sind Bilder, wie die Angst sie eingibt, die man im Traum erleben kann. In ihnen projiziert der Bedrängte seine Ängste, gerade dann, wenn er feindliche Nachstellungen befürchten muß, aber die Gegner nicht nennen kann oder will und ihre Machenschaften nicht kennt oder nicht bezeichnen will, um sie dadurch erst zu provozieren[11].
Die Bedrängten sahen solche Ängste darin begründet, daß es »Übeltäter« gibt, besser vielleicht »Täter des Unheimlichen« genannt[12]. Sie denken an Menschen, die mit dunklen Mächten in Verbindung stehen und okkulte Praktiken benutzen, um andere zu schädigen. Man kann an Verwünschung denken, die sie aussprechen, an Magie und Zauber, die sie anwenden. »Der Grund, warum das Tun der Übeltäter in den Psalmen *'āwaen* genannt wird, scheint darin zu bestehen, daß entweder das Unheil, das sie über den Angefochtenen bringen wollen, ungerechtfertigt ist oder daß sie ihn wegen seines Leidens, von dem er befallen ist, im Unheil behaften wollen, obwohl er sich Jahwes Schutz(orakel) anvertraut hat. In beiden Fällen handeln sie gegen Jahwe.«[13] Der unmittelbar Betroffene schildert sein Leiden, »wobei er

insbesondere das hinterlistige Vorgehen seiner Feinde«, die ihn in Flüchen, Verwünschungen, übler Nachrede und magischen Handlungen bedrohen, mit dem Ausdruck Täter des Unheimlichen zu umschreiben versucht[14].

»Eine fast verwirrende Fülle von einzelnen Zügen zur Schilderung der Feinde breiten die Klagelieder aus.« Angesichts der vielen Vergleiche, Anspielungen und Andeutungen »entsteht die schwierige Frage, wo wir in den Zügen der Charakteristik der Feinde wirklich tatsächlich Gemeintes und damit näher Bestimmbares antreffen«[15]. Zwei Situationen, in denen die Feinde tätig werden, lassen sich mit hinreichender Deutlichkeit erkennen. Ihr Verhalten und Tun und die Abwehr ihrer Angriffe muß aus den Klage- und Dankliedern des einzelnen erschlossen werden. Es sind zwei Situationen, die so gravierend sind und in denen die Feinde eine so entscheidende Rolle spielen, daß sie im Gebet vor den einen Gott gebracht werden müssen.

Feinde des einzelnen werden tätig, um ihn in Todesgefahr zu bringen und so zu beseitigen. Sie beschuldigen ihn eines Verbrechens und stellen ihn vor Gericht, bringen Lügen und Verleumdungen vor, bieten auch falsche Zeugen auf und klagen ihn an[16]. Konnte er seine Unschuld in der normalen Gerichtsbarkeit, die am Tor der Stadt ausgeübt wird (vgl. Dtn 16,18; 21,19; 22,15 u.o.), nicht nachweisen, war der Fall also für die Ältesten zu schwierig, so blieb ihm nach Dtn 17,8–13 die Appellation an das Heiligtum in Jerusalem, »die levitischen Priester und den Richter, der dann amtiert«. Die Nennung der Priester läßt darauf schließen, daß er sich, war die Angelegenheit nicht zu klären, einem »sakralen Gerichtsverfahren« zu unterwerfen hatte. In seinen Gebeten nimmt der Angeklagte auf die Verfahren Bezug (vgl. 7,5f.; 9,4f.; 17,9 u.o.). Dabei spricht er von seinen Feinden. Er hofft, vor seinen Anklägern und Verfolgern gerettet zu werden, baut auf den Schutz Gottes im Heiligtum (vgl. bes. Ps 3; 17; 27; 57; 64), bekennt seine Unschuld (vgl. Ps 7,4–6; 17,5; 26,2–5 u.ö.), bittet um Rettung und erwartet sie durch Intervention Gottes. Psalmen mit Aussagen über die Rettung sind häufig. Aus einer Reihe von ihnen kann man mehr oder weniger auf das Verfahren des Gerichtes Gottes[17] schließen. Insbesondere wird auch das Treiben der Feinde sichtbar. Sie wollen einen Menschen ins Unrecht setzen und vernichten, einen Gerechten, der sich kaum wehren kann, der am Ende nur auf Gottes Hilfe zu warten angewiesen ist.

In eine ähnliche Situation kann der Kranke geraten. Dann treten Feinde auf (Ps 6,8.11; 13,5; 30,2 u.a.). Nach dem Tat-Folge-Prinzip werden Kranke verdächtigt, daß sie Böses getan haben und es ihnen daher schlecht geht. Das große biblische Beispiel für diese Auffassung ist Ijob, dem seine Freunde, als er schwer erkrankt, geheime Schuld vorwerfen. So wird Krankheit als Not erlebt, die zur Klage treibt, weil sie als Strafe Gottes angesehen wird. Die Gegner eines Erkrankten sehen ihre Vermutungen bestätigt. Sie warten entweder auf seinen Tod, so daß er klagen muß: »Meine Feinde reden böse über mich: ›Wann stirbt er endlich, und wann vergeht sein Name‹?« (Ps 41,6). Oder sie forschen nach, ob sich in seinem Leben nicht eine schwere Schuld feststellen läßt, so daß Anklage erhoben werden kann, notfalls mit

zusätzlichen Verleumdungen. Hinzu kommt, daß er wegen seiner Krankheit als von Gott verlassen gilt. Er kann nur sagen: »Die mich ohne Grund hassen, sind stark; viele hassen mich wegen nichts« (Ps 38,20), und Gott, der allein heilen kann (2 Kön 5,7), um Heilung bitten.
Die Bitte um Rettung vor den Feinden kann auch mit drastischen Ausdrücken vor den Gott der Vergeltung, der Ahndung und des gerechten Ausgleichs[18] gebracht werden. Es kommt im Gebet der Angefochtenen, Verfolgten und Mißhandelten zu »Verwünschungen«, in denen Gott gebeten wird, den Feinden Böses anzutun. Diese Texte haben einigen Gebeten, in denen sie stehen (vgl. 12,4; 17,13; 58,7ff. u.o.), den Namen Fluchpsalmen eingetragen. Sie zu verurteilen oder zu verdrängen, verkennt, wie ernst das Alte Testament die Feindesnot nimmt. Die von Feinden Bedrängten dürfen ihre Not und ihre Angst auch auf diese Weise zum Ausdruck bringen[19]. Sie beten um Rettung, indem sie Gott bitten, den Feinden anzutun, was diese ihnen antun wollten. Sie berufen sich dabei auf die Bestimmung: Mit einem falschen Zeugen »sollt ihr so verfahren, wie er mit seinem Bruder verfahren wollte« (Dtn 19,19). Und die ausführliche Schilderung der Bestrafung in Ps 109,6–19 ist Zitat (V. 20) der Rede der Ankläger[20]. Ein Verfolgter darf seine Not, die er durch seine Feinde erleidet, mit aller Deutlichkeit vor Jahwe ausbreiten. Er weiß, daß Jahwe das letzte und das rechte Wort zum Thema Feind und Feindschaft hat (Ps 119,98.139.157).

5. Überwindung von Feindschaft

Dankbar bekennen Verfolgte, daß der Herr sie der Hand, der Gewalt ihrer Feinde entrissen hat (Ps 18,1.18; 97,10). Aber auch wenn Gott die Bedrängten, die unschuldig sind, befreit, ist damit die Feindschaft nicht grundsätzlich und ein für allemal beseitigt. Sie kann immer wieder und je an anderer Stelle aufflammen. Denn die vorfindliche Welt trägt ein Gewaltpotential in sich, das sich aktivieren läßt. Das Alte Testament weiß, daß es diese, von Gott geschaffene Erde ohne Gewaltausübung nicht gibt[21]. Es fragt sich nur, ob und inwieweit die Anwendung der Gewalt berechtigt und rechtens ist. Bei Unterdrückung, Mißhandlung, Schädigung eines anderen (Am 2,6–8; 4,1–3; 5,7.10–15 u.a.), bei persönlicher Feindschaft ist sie es nicht. Gott selber wendet Gewalt an oder läßt sie anwenden, um zu retten (vgl. Ps 12): »Der zerstörerischen Gewalt der Frevler setzt der Psalm die rettende Gewalt JHWHs entgegen, die den Armen und Schwachen in ihrer Ohnmacht zu Hilfe kommt und diese ›aufrichtet‹.«[22] Im Vertrauen darauf rufen die Angefeindeten zu Jahwe und stellen ihm die Rache an ihren Feinden anheim. Es zeigt sich in ihren Gebeten, »daß die Vergeltung weit häufiger von Gott als von den Menschen erwartet wird. Wer seine Aggressionen, statt ihnen freien Lauf zu lassen, einem Anderen, und zwar einem ungleich Mächtigeren und darum nicht zu Lenkenden überträgt, der ist – ob nun aus freiem Entschluß oder notgedrungen – faktisch viel friedfertiger, als man seinem

Reden anhört. Gott um Rache zu bitten, bedeutet in der Regel Verzicht auf eigene Rache. Dies um so mehr, als das Alte Testament ja nur selten von einem tatsächlichen Vergeltungsakt Jahwes zu berichten weiß«. Und »Gott die Rache anbefehlen, kann nur, wer zuvor selbst Rachegefühle gehegt und sich das auch eingestanden hat«[23]. Solche Rachegefühle kommen etwa in Ps 58,11 zum Ausdruck: »Wenn er die Vergeltung sieht, freut sich der Gerechte; er badet seine Füße im Blut des Frevlers.« Doch er hat bereits von eigener Rache Abstand genommen und Jahwe das Gericht überlassen, »um dessen Freiheit, Souveränität, aber auch Barmherzigkeit er weiß«[24].

Einen besonderen und schwierigen Fall stellt die Blutrache dar. Wer einen Menschen getötet hat, ist naturgemäß zu dessen Angehörigen, zu seiner Familie und Sippe in Gegensatz getreten, ist ihr Feind. Der Täter ist der Tötung durch den Bluträcher verfallen. Doch es kann sein, daß kein absichtlich begangener Mord, sondern ein Totschlag aus Versehen vorliegt. In diesem Fall kann der Täter in die festgelegten Asylstädte (Num 35; Dtn 4,41–43; 19,1–13; Jos 20,1–9) fliehen und sein Leben retten, »falls er einen anderen ohne Vorsatz getötet hat und nicht schon früher mit ihm verfeindet gewesen ist« (Dtn 4,42). Mit dieser Institution, die eine Überprüfung des Täters und seiner Motive bzw. Absichtslosigkeit einschließt, wird die Blutrache der privaten Sphäre entzogen und eine entstehende dauernde Feindschaft abgewehrt.

Sich an einem Feind nicht rächen und Feindschaft nicht erwidern, ist allerdings unter Menschen nicht selbstverständlich. Und wenn die Gelegenheit sich bietet, fordert der Verzicht auf Vergeltung den persönlichen Entschluß und Großmut. Der Weisheitslehrer ruft dazu auf. Er mahnt nicht nur, sich einen Mitmenschen nicht leichtfertig zum Feind zu machen: durch Rüge eines Zuchtlosen (Spr 9,8), zu große Vertraulichkeit (25,17), mangelnde Aufrichtigkeit (26,28), unnötiges Gerede (Sir 19,8), unaufrichtige Versprechen (20,23), durch Bürgschaft (29,6). Es sind Beispiele, wie man Feindschaft vermeiden kann. Wie sehr das eigene Verhalten wichtig ist, sagt das Sprichwort: »Gefallen dem Herrn die Wege eines Menschen, versöhnt er auch seine Feinde mit ihm« (Spr 16,7). »Besser als ein fester Schild und eine schwere Lanze werden sie (deine Wohltaten) für dich streiten« (Sir 29,13).

In diesem Mahnwort ist nicht klar, ob die Wohltaten dem Feind oder irgendjemand anderem zugute kommen. Der Weise rät zwar, sich von den Feinden fernzuhalten (Sir 6,13). Aber er gibt auch den Rat, sich nicht über den Sturz des Feindes zu freuen (Spr 24,17), sondern dem Feind zu helfen: »Hat dein Feind Hunger, gib ihm zu essen, hat er Durst, gib ihm zu trinken; so sammelst du glühende Kohlen auf sein Haupt, und der Herr wird es dir vergelten« (Spr 25,21f.). Tätige Nächstenliebe gegenüber dem Feind hat über die gewährte Hilfe hinaus zwei Wirkungen: Sie führt den, dem sie erwiesen wird, zu Einsicht und Umkehr. »Feurige Kohlen auf sein Haupt ist nicht ein Bild der Scham, sondern der Reue.«[25] »Das Stehen mit Feuerkohlen auf dem Kopf ist in einem späten ägyptischen Text als Bußritus bezeugt.«[26] Darüber hinaus wird Jahwe die Guttat vergelten.

Auch in der gesetzlichen Weisung des Herrn ist die Hilfe für den Feind verankert. Im Bundesbuch steht die Bestimmung: »Wenn du dem verirrten Rind oder dem Esel deines Feindes begegnest, sollst du ihm das Tier zurückbringen. Wenn du siehst, wie der Esel deines Gegners unter der Last zusammenbricht, dann laß ihn nicht im Stich, sondern leiste ihm Hilfe« (Ex 23,4f.). Diese Bestimmungen sind vom Kontext her zu verstehen. Sie folgen einem »Richterspiegel« (23,1–3), der Grundsätze für das Verhalten vor Gericht enthält. Die Bestimmungen in V. 4f. haben es »mit dem außergerichtlichen Verhalten gegenüber einem ›Feind‹ bzw. ›Gegner‹ (wörtlich ›Hasser‹) zu tun«. Und »mit diesem ›Feind‹/›Gegner‹ ist offenbar einer gemeint, mit dem man einen Rechtsstreit hat oder gehabt hat oder mit dem vielleicht auch erst ein Rechtsstreit bevorsteht; und deswegen sind diese Sätze in den gegenwärtigen Zusammenhang eingefügt worden. Grundsatz ist, daß man einen solchen Widersacher im alltäglichen Leben nicht anders behandeln darf, als man seinen ›Nächsten‹ sonst behandeln würde, wobei eben vorausgesetzt ist, daß man die in V. 4.5 genannten Hilfeleistungen normalerweise sich gegenseitig angedeihen läßt«[27]. Auf diese Vorschrift bezieht sich Dtn 22,1–4. In Ex 23,4.5 heben Rechtssätze die »Rechtsgegnerschaft in eine Ethik der Großzügigkeit und Hilfeleistung innerhalb der Ortsgemeinde auf, wie sie sonst nur im familiären Bereich vorgesehen ist. Das Dtn greift auf dieses Prinzip ›Solidarität vor Recht‹ zurück«, verschärft und verallgemeinert es. »Darüber hinaus dehnt es die geforderte Solidarität in 2f. durch zusätzliche Bestimmungen auf alle Volksgenossen und ihre gesamte, von Verlust bedrohte Habe aus.« Bemerkenswert ist auch, »daß Tiere am Leben erhalten werden und daß sie weiter nützen können«[28]. Der mitmenschliche und brüderliche Umgang kommt auch den Haustieren zugute.
Man kann[29] die von Ex 23,4.5 zu Dtn 22,1–4 über Dtn 10,19 führende Linie, wenn und insofern im Fremden der potentielle oder wirkliche Feind gesehen wurde, nach Lev 19,33.34 ausziehen. Dann erhält man eine Anleitung zu einem Verhalten gegenüber dem Feind, das in die Nähe der Feindesliebe führt, und sieht in Ex 23,4.5 den vielleicht ältesten Text des Alten Testaments, der die Liebe zum persönlichen Feind fordert[30]. Sicher ist er eine praktische Anweisung, die verwehrt, Feindesliebe mit bloßen unverbindlichen Gefühlen einer angeblichen Friedfertigkeit zu verwechseln.
Denn auf die Tat kommt es an. Auch darauf macht das Alte Testament aufmerksam unter dem Stichwort Feind. Es bringt Beispiele. Es beeindruckt, wie David gezeichnet ist, bevor er König wurde. Damals schlug ihm der Haß Sauls, der ihm zum Feind wurde und es allezeit blieb (1 Sam 18,10–30), entgegen. Als er von Saul verfolgt wurde und sich ihm die Gelegenheit bot, sich an seinem Verfolger zu rächen, ja ihn zu töten (1 Sam 26), überließ er die Vergeltung Gott und schonte das Leben seines Feindes. Er sagt: »Wie dein Leben heute in meinen Augen wertvoll war, so wird auch mein Leben in den Augen des Herrn wertvoll sein« (V. 24). Saul gibt die Verfolgung auf. Die Erzählung erinnert an Spr 25,21f.
Der Prophet Jeremia erlebt wegen seiner ihm von Gott aufgetragenen Ver-

kündigung des göttlichen Strafgerichts die Feindschaft des Volkes und auch seiner eigenen Familie; sie werden ihm zum Feind. Er leidet darunter und klagt darüber vor dem Herrn in seinen Bekenntnissen (Jer 11,18–23; 12,1–6; 15,10–21; 17,12–18; 18,18–23; 20,7–18). In seiner Not ruft er Verwünschungen gegen seine Widersacher aus, stellt aber zugleich die Vergeltung mit dem Ziel seiner Rettung seinem Gott anheim (Jer 15,15; 17,18; 18,21–23). Doch zugleich kann er sagen: »Fürwahr, Herr, ich habe dir mit gutem Willen gedient, ich bin für den Feind bei dir eingetreten zur Zeit des Unheils und der Bedrängnis« (15,11). »Denk daran, wie ich vor dir stand, um zu ihren Gunsten zu sprechen und deinen Zorn von ihnen abzuwenden« (18,20). Sein prophetisches Amt der Fürbitte bewegt ihn, die Feindschaft nicht zu erwidern, sondern sie zu überwinden, indem er für seine Feinde eintritt.

Das vollbringt in einem außerordentlichen Maß der Gottesknecht, von dem Deuterojesaja berichtet (Jes 52,13–53,12). Das Wort »Feind« kommt in diesem vierten Gottesknecht-Text nicht vor, wohl aber (V. 9) der Begriff »Frevler«, und über Gewaltanwendung wird ausführlich gesprochen. Der Text ist mehrschichtig, insofern er Jahwerede (52,13; 53,11b.12), Bericht über den Knecht (52,14.15; 53,7–11a), Rede des Volkes im Wir-Stil (53,1–6) ist. Die Grundschicht, auf der die beiden anderen aufbauen, dürfte in der Rede des Volkes vorliegen. Hier handelt es sich um einen Mann, der von einer schweren Krankheit getroffen (53,3.4) wurde. Eine Gruppe von Menschen seines Volkes vermutete als Ursache schwere Verfehlungen des Kranken und klagte ihn an. Er wurde, wie ein einzelner dann weiter berichtet, indem er das Eingeständnis der Gruppe (53,5) weiter ausführt, vor Gericht gestellt, mißhandelt, verurteilt, als Frevler getötet und begraben (53,7–9a, vgl. dazu oben III, 4.5). Er war aber, wie sich herausstellte, ohne Schuld (53,9b). Der getötete Kranke starb also, da der Grundsatz von Dtn 19,19 anzuwenden ist, wegen der Sünden derer, die ihn angeklagt und falsch beschuldigt hatten (53,5a); sie kamen mit dem Leben davon (53,5b). Er hat sich nicht gewehrt, nicht nach Rache gerufen, sondern wie ein Opfertier (53,7) sein Geschick hingenommen, ein unerhörter Vorgang, der nur durch das Wirken Gottes erklärbar ist (53,1).

Dieses Ereignis wurde in prophetischem Geist aufgenommen und gedeutet. Es wurde auf Israel, das bei Deuterojesaja auch anderwärts (Jes 41,8; 42,19; 44,1f. u.a.) Knecht Gottes genannt wird, bezogen, das zerschlagene (53,10), an dem der Herr Gefallen finden, dem er Nachkommen schenken will und durch den sein Plan gelingen wird. Jahwe selbst spricht ihm Licht, Erkenntnis, Leben zu, ohne daß dabei jene Einzelgestalt, von der die Prophetie ausging, vergessen wäre (53,11a.12). So bleibt dieses einmalige prophetische Wort offen für einen, von dem wirklich gesagt werden kann: »Er trug die Sünden von vielen und trat für die Schuldigen ein« (53,12). Der Gottesknecht überwindet Feindschaft durch den Einsatz seines Lebens, gewiß die höchste Form der Feindesliebe.

Neues Testament

Rainer Kampling

A. Der historische, politische und kulturelle Kontext

1. Vorbemerkung

Die Ereignisse und Geschehnisse, von denen die neutestamentlichen Schriften berichten, trugen sich zu einer Zeit und in einem geo-politischen Raum zu, die durch Stabilität und Wandel gleichermaßen bestimmt waren. Dieser generelle Befund trifft sowohl auf die Zeit Jesu und seinen Wirkungskreis – Galiläa, Judäa – als auch auf den Kontext des Imperium Romanum, des römischen Reiches unter Tiberius zu, in dem sich die christlichen Gemeinden entfalteten.

So residierten in Jerusalem Hohepriester, deren Macht zwar eingeschränkt war, die aber dennoch die religiöse und politische Oberhoheit mit Billigung der römischen Besatzungsmacht auf Widerruf innehatten und von dieser als Verhandlungspartner anerkannt wurden. Freilich versuchten auch die Nachkömmlinge des Herodes (um 73–4 v. Chr.), so sie sein Wüten gegen die eigene Nachkommenschaft überlebt hatten, mit Hilfe wiederum der Römer in Machtpositionen zu gelangen. Zur gleichen Zeit regte sich aber mit besonderer Konzentration auf den galiläischen Raum bereits der Widerstand gegen die römische Fremdherrschaft und ihre Mitarbeiter, der dann im großen judäischen Krieg (66–73 n. Chr.) mit dem Ende des Tempels und damit dem Verlust des jüdischen Zentralheiligtums endete. Für die revolutionären Zeloten war, wie ihre Mordanschläge belegen, die Priesteraristokratie längst auf der Seite der Feinde. Der gemeinsame Glaube war hier nicht mehr ausschlaggebend für die Wahrnehmung der anderen, sondern ihr Verhalten gegen das Ideal eines Israels, das von fremdgläubiger Herrschaft befreit, wieder eines nach dem Willen, d. h. den Geboten, Gottes sein sollte. Daß diese Revolutionäre so wenig wie viele andere im Land die Nachkommen des Herodes, der Idumäer war und dessen väterliche Herkunft immer Gegenstand politischer Polemik gewesen war, nicht als wahre Juden ansahen, kann man zweifellos annehmen.

Eine Auflösung überkommener Strukturen, Infragestellungen alter Werte und Kriterien war aber auch kennzeichnend für die Entwicklung, die sich im Zentrum der Macht und damit im ganzen Reich vollzog. Die Reform des Augustus (63 v. Chr.–14 n. Chr.) bezog sich ideologisch immer wieder auf alte römische Traditionen, die aber durch die neue Staatsorganisation eben auch ausgehöhlt wurden. Gewiß ist das deutlichste Zeichen dieser Entwicklung das Nebeneinander von Prinzipatsverfassung und Senatsrechten, aber darin erschöpft sich der Widerspruch nicht. Auch im religiösen Bereich kam es zu ähnlichen Prozessen. Eines der Fundamente der augusteischen Reform war die Belebung zum Teil längst vergessener religiöser Kulte zur

Stärkung einer staatsrömischen Identität. Die Einhaltung solcher Kulte galt als Vertrauensbeweis gegenüber dem Staat. Wenn man auch vorsichtig sein sollte, den römischen Kulten jede Fähigkeit der Vermittlung einer religiösen Erfahrung abzusprechen, so ist doch festzustellen, daß eine Kultpraxis gefördert wurde, die auf eine reine Ritualisierung hinauslief, in der es nicht auf die Sinndeutung, sondern auf den reinen Vollzug der religiösen Handlung ankam. Jedenfalls ist religionsgeschichtlich nachweisbar, daß sich in der augusteischen Zeit die Bereitschaft vergrößert, religiöse Erfahrungen gerade außerhalb der traditionellen Kulte zu erleben. Es gab in Rom ein reichhaltiges Angebot fremder Kulte und Mysterien, zahlreiche aus dem nahöstlichen Raum, die versprachen, die Sehnsüchte zu stillen, die die traditionelle Religion nicht befriedigen konnte. Daß diese Kulte und ihre Anhänger immer wieder staatlichen Repressionen ausgesetzt waren, belegt zunächst einmal, wie erfolgreich sie waren. Die amtliche Begründung, diese Kulte seien dem römischen Wesen fremd, wurde von den Gläubigen kaum als gerechtfertigt angesehen, da es sich bei ihnen keineswegs nur um Nichtrömer, sondern zum Teil um Mitglieder ältester römischer Familien handelte.

Und wer zu dieser Zeit der Philosophie als Lebenslehre anhing, wußte sehr wohl darum, daß ihr Geburtsland nicht das römische Reich, sondern Griechenland war, das zwar durch die römischen Truppen entmachtet war, aber sich dennoch als Zentrum der Zivilisation und Kultur verstand. Es waren griechische Lehrer, die jungen und alten vornehmen Römern und Römerinnen die Kunst der philosophischen Reflexion vermittelten. Die römischen Heere hatten zu viele Länder und Kulturen heimgesucht, um nicht auch in nichtmaterieller Hinsicht außerhalb ihres Kulturkreises Güter zu entdecken, die eine Aneignung lohnten. Es ist bemerkenswert, daß einer der Kulte, der gerade unter Soldaten Verbreitung fand, der Mithras-Kult, seine Wurzeln im persischen Reich hatte, das auf Jahrhunderte Erbfeind des römischen Reiches war.[1]

Durch das System der Sklavenhaltung, insbesondere der Haussklaven, war Fremdes stets gegenwärtig, und obwohl Sklaven juristisch zwischen Sach- und Eigentumsrecht verhandelt wurden, gibt es genügend Zeugnisse, daß sie ihren Eigentümern näher standen als leibliche Familienmitglieder.

Die Zeit, in der Jesus lebte und die neutestamentlichen Schriften entstanden, in der aus einer Gruppe messianischer Juden eine eigene Religion wurde, die religiöse, soziale und ethnische Barrieren als im gemeinsamen Glauben überwunden ansah, war eine Zeit des Übergangs und eine Zeit in Bewegung. Konnte etwa in einer Zeit der Eigenstaatlichkeit Israels durch soziale Definition ziemlich eindeutig die Frage beantwortet werden, wer der Nächste, wer Feind, wer Fremder war, so galten diese Antworten in einer Zeit und in einem Raum, in der die Begegnung mit anderen Religionen, Kulturen und politischen Mächten zwangsläufig geschah, keineswegs mehr uneingeschränkt. Die Antworten ergaben sich aus der je neuen Praxis.

Es sollte nicht übersehen werden, daß es zu den beachtenswerten Leistungen der frühesten Gemeinde gehört, sich diesen Fragen zu stellen und nach Antworten zu suchen, die der neuen Glaubenserfahrung gerecht wurden. Wenn der Erfolg auch kein Wahrheitskriterium ist, so belegen die überaus rasche Verbreitung des Evangeliums und die damit einhergehende Gründung von Gemeinden im ganzen römischen Reich doch, daß es Antworten waren, die lebensfähig und gemeinschaftsstiftend waren.

Allerdings formulieren die neutestamentlichen Schriften die Fragen und Antworten nicht explizit, sondern vermitteln sie narrativ oder auch implizit, indem sie Erfahrungen berichten und aufarbeiten.

Nach dem konzentrischen Modell der Fremdheit[2] gehört die Familie durch personale Nähe und soziale Organisation zum nächsten Bereich des einzelnen Menschen, der von Fremdheit ausgenommen ist und vor Fremden beschützt werden muß. Und gleichwohl berichtet Markus, daß sich zwischen Jesus und seiner Familie tiefste Entfremdung stellt (Mk 3,21). Und wenn Jesus nach Mk 3,33–35 die *familia dei* als seine wahre Familie bezeichnet, wird dadurch die Fremdheit zur leiblichen Familie nicht aufgehoben, sondern verschärft. Und daß Feindschaft kein unüberwindbares Hindernis ist, bezeugt Paulus mit seiner ganzen Existenz: Der frühere Verfolger der Kirche predigt den Glauben. Daß diese Wandlung auf die Macht Gottes verweist, haben nicht nur die Gemeinden in Judäa verstanden (vgl. Gal 1,23–24).

Selbst die berühmte Frage nach dem Nächsten ist im Neuen Testament nicht definitorisch beantwortet worden, sondern mit einer Einladung, über die Frage und die Antwort selbst zu reflektieren. Die Frage Jesu nach Lk 10,36 ist näherhin die Aufgabe der theoretischen Möglichkeit einer schlichten Definition. Nachdem die Erzählung vom Nächstenhandeln des Mannes aus Samaria offenlegt, daß dieses Handeln kein Privileg der vermeintlich Gerechten ist, befreit sie das Opfer aus seiner unterlegenen Position, indem es zum Kriterium des Nächstenwerden erklärt wird.

Wenn auf den nächsten Seiten dem Thema in den neutestamentlichen Schriften nachgegangen wird, so geschieht das einerseits in Erinnerung an die Traditionen Israels, aus denen die neutestamentlichen Schriften leben und die auf sie einwirken. Andererseits wird zentral die Situation der Entstehung der Schriften berücksichtigt, zu der eben auch die Erfahrung der Glaubenspraxis gehört, da die Schriften selbst von dem bestimmt sind, wovon sie handeln: Vom Glauben an Jesus von Nazaret als den Christus und Sohn Gottes, durch den den Menschen das Heil Gottes gegenwärtig wird. Die neutestamentlichen Schriften als Zeugnisse der Erfahrung dieses Heils lassen deutlich erkennen, inwieweit diese Realität des Glaubens auch die Wahrnehmung der anderen prägt. Wollte man die Zielsetzung des Beitrags unter eine Leitfrage stellen, so könnte sie lauten: Wer wird bzw. ist wann wem der Nächste, der Fremde, der Feind?

2. Gastfreundschaft und Fremdenfurcht – Feinde und Nächste Versuch einer Konkretisierung

Die Ambivalenz der Beziehung zu fremden Menschen kommt sehr gut in dem griechischen Wort xenos zum Ausdruck. Damit wird zugleich der Fremde und der Gast bezeichnet. Näherhin wird damit nicht der Mensch, sondern sein Status benannt. Jeder Fremde konnte grundsätzlich ein Gast werden, allerdings konnte wiederum auch jeder Gast unter Umständen in den Fremdenstatus zurückfallen. Im Beziehungsgeflecht war der Gast/der Fremde der Abhängige und Empfangene, dem etwas zuteil wurde, auf das er keineswegs Anspruch hatte, sondern um das er sich bewerben und bemühen mußte. Man sollte die antike Gastfreundschaft nicht allzu sehr verklären: Diejenigen, denen sie zuteil wurde, waren meistens Angehörige eines gleichen Familienverbandes, einer Zunft, einer Stadt oder einer bestimmten Region, so daß ein den potentiellen Gastgebern Bekannter oder Freund für sie gutsagen konnte. Diese Situation hat eine eigene literarische Gattung hervorgebracht: das Empfehlungsschreiben, mit dem man sich bemühte, andere zu überzeugen, einen ihnen Fremden gastlich aufzunehmen. Ein antikes Lehrbuch der Briefkunst schlägt als »Vordruck« eines Empfehlungsschreibens folgenden Text vor:

> N.N., der Dir diesen Brief überbringt, ist von uns geprüft worden
> und wird von uns wegen seiner Zuverlässigkeit gerühmt.
> Du wirst gut daran tun, wenn Du ihn der Gastfreundschaft würdigst, um
> meinetwillen, um seinetwillen und auch in Deinem Interesse.
> Du wirst es nicht bereuen, wenn Du ihm Nachrichten und Angelegenheiten
> vertraulicher Art anvertraust, wie immer Du willst. Ja, auch Du
> selbst wirst ihn loben anderen gegenüber, wenn Du merkst, wie
> brauchbar er in jeder Hinsicht sein kann.«[3]

Gastfreundschaft war, wie man diesem Formular entnehmen kann, keineswegs eine Selbstverständlichkeit. Vielmehr galt es den potentiellen Gastgeber davon zu überzeugen, dieselbe zu üben. Es ist wohl sehr realistisch, daß die Freundschaft zwischen Briefschreiber und Briefempfänger auch Erwähnung findet, aber der überwiegende Briefteil doch vom Nutzen des potentiellen Gastes handelt. Der ideelle Gedanke, stellvertretend im Gast an dem Freund zu handeln, wird dem Aspekt der Nutznießung nachgestellt. Die Gastfreundschaft, so das Versprechen, wird sich lohnen. Doch ist diese Betonung völlig verständlich, wenn man bedenkt, daß ein Gast nicht nur Kosten bedeutete, sondern auch unter beengten Wohnverhältnissen eine große Belastung darstellen konnte, zumal man sich nie sicher sein konnte, daß das Verhalten der Ankündigung seines Bürgen entsprach. Gerade in Zeiten politischer Repression und wirtschaftlicher Wagnisse mußte man sicher sein können, sich nicht einen Zuträger der staatlichen Behörden oder eines wirtschaftlichen Konkurrenten ins Haus zu holen. Gleichzeitig war aber die Gastfreundschaft, sieht man von familiären Kontakten einmal ab, notwendig, um als Geschäftsreisender oder als Bote wichtiger Korrespondenz Unterkunft zu finden. Ohne sie wäre die Mobilität der Antike kaum möglich gewesen. Es gab zwischen den urbanen Zentren des Imperium Romanum einen breiten Austausch, »denn die Menschen zur Zeit des Römischen Reiches reisten weiter und mit größerer Selbstverständlichkeit als irgend jemand vor oder nach ihnen es bis zum 19. Jahrhundert wieder tat«[4].

Gast zu werden bzw. zu bleiben war keineswegs ein leichtes Unterfangen; auch hier galt es, ein strenges Regelwerk zu beachten, an dessen Einhaltung sich der Verbleib entscheiden konnte.

Einfacher konnten sich die Beziehungen gestalten, wenn als Bindeglied zwischen Gast und Gastgebern eine das Materielle entgrenzende Basis trat: Hierbei ist an familiäre Bindungen, an die Zugehörigkeit zur gleichen philosophischen Schule oder an die gleiche religiöse Ausrichtung zu denken.[5] Die gleiche Gesinnung hob in diesem Fall die Fremdheit, das Unbekannte des anderen auf.

Die Übereinstimmung in Lebensdeutung und Lebensentwurf sicherte von vornherein die Gemeinsamkeit und für den Fremden die Möglichkeit, sein Leben auch fern der Heimat in der ihm vertrauten und gebotenen Weise zu verbringen.

Hier sei nur auf die Synagogenverbände in der ganzen Diaspora verwiesen, die reisenden Menschen jüdischen Glaubens ein erster Anlaufpunkt für eine neue Existenz in einer fremden Umgebung sein konnten. Hier konnte er Kontakte knüpfen, konnte am gesellschaftlichen Leben teilnehmen, konnte eine nichtreligionsfremde Ehe eingehen; er konnte die Schrift und Schriftauslegung hören, beten und konnte einigermaßen überzeugt sein, daß er nicht unreine Speisen und Getränke zu sich nehmen mußte. Die Synagoge war auch der Ort des Austausches von Neuigkeiten aller Art, gleichsam eine Informationsbörse des antiken Judentums. Wenn Lukas in seiner Apostelgeschichte Paulus seine Tätigkeiten als Künder des Evangeliums zunächst in der Synagoge des jeweiligen Ortes beginnen läßt, so hat er damit eine historische Wirklichkeit eingefangen, die ihm wohl vertraut war. Es ist insbesondere die Organisation der Synagoge, die formgebend auf das Netzwerk der frühen Gemeinden im Imperium einwirkte, wobei es aber nicht nur die Organisationsstruktur ist, die gewandelt übernommen wurde, sondern vielmehr auch das zugrundeliegende Prinzip: der die Fremdheit überwindende gemeinsame Glaube. Die Basis der Begegnung war religiös begründet. Es war eine ethische, keine ethnische Frage. Wie wichtig die Rolle der Gastfreundschaft war, mag man daran erkennen, daß um die Zeit des Neuen Testaments in der jüdischen Schriftauslegung die Sünde Sodoms, die die Strafe der völligen Vernichtung nach sich zog, als die Verweigerung der Gastfreundschaft gedeutet wurde.

Dennoch, auch hier wird man sich vor einer Idealisierung zu hüten haben. Auch im Kontext der jüdischen Gemeinden gab es Konflikte um Gastfreundschaft. Flüchtlinge des judäischen Krieges mußten erfahren, daß keineswegs alle Juden bereit waren, ihnen, den nach römischem Recht dem Tode Verfallenen, Aufnahme zu gewähren. Sie waren Gegner der eigenen

Sicherheit, deren politisch religiöse Ansichten keineswegs von allen Juden im römischen Reich geteilt wurden.
Doch selbst das verweigerte Gastrecht und heftige Gruppenstreitigkeiten widersprechen nicht dem Befund, daß der Fremde, den man nicht kennt und zu dem es keine Beziehung gibt, durch den gemeinsamen Glauben zum Nächsten werden kann. Mit ihm gibt es auf Grund des Bekenntnisses zum Einen Gott ein Mehr an Gemeinsamkeit, das ein Miteinander konstituiert, bevor es erprobt wird. Ohne diese Konstante der jüdischen Solidarität wäre eine solch große Ausbreitung jüdischer Gemeinden in der Antike schlechterdings unmöglich gewesen. Wenn auch demographische Angaben für die Antike immer sehr schwierig sind, so kann man mit einiger Sicherheit davon ausgehen, daß nur etwa 10% der jüdischen Bevölkerung im Stammland wohnte, während die restlichen 90% in der Diaspora lebten. Hier war der Ort der Bewährung für die Gastfreundschaft.
An dieser Stelle ist allerdings wiederum an die Ambivalenz des Fremden und der Fremdheit zu erinnern. Für eine jüdische Frau, die in Antiochien wohnte, konnte ein Jude aus Rom vertrauter sein und als Ehemann eher in Frage kommen als ein Nichtjude aus ihrer Heimat. Die Zugehörigkeit zu einer bestimmten Gruppe konnte gegenüber dem engeren Lebensraum separierend wirken; der Rückzug auf den Zusammenhalt führte zu einer Absonderung mit eigener Lebensgestaltung. Antike Autoren wie etwa Tacitus (um 55–ca.125 n. Chr.) haben dieses Verhalten von Juden als gesellschaftsfeindliche Praxis gedeutet und mit böser Polemik entstellt (Historia 5,2–10). Für ihn, einen vehementen Verfechter dessen, was er für Gemeinsinn hielt, d. h. was der römischen Herrschaft nützte, war die jüdische Praxis verdächtig. Immerhin wird man ihm zugeben können, daß er etwas richtig gesehen hatte: Die Vorordnung des Glaubens bewahrte Juden davor, völlig im System des römischen Staates aufzugehen. Sie ließen sich nicht vereinnahmen, sondern behielten eine gewisse Randständigkeit bei. Das, was sie unterschied, war ihre Glaubenspraxis, die ihnen als mangelnde Loyalität ausgelegt wurde.
Allerdings sollte man nicht so weit gehen, hier bereits von Antisemitismus zu sprechen. Gewiß galten einigen Vertretern des römischen Reiches Juden generell als verdächtig, aber nicht etwa aus rassischen Gründen, sondern weil ihre Praxis mit staatlichen Ideologien inkompatibel schien. Ähnliche Vorwürfe trafen nicht nur Juden, sondern auch Gläubige des Isiskultes oder der verschiedenen Mysterienkulte, wenn sie sich als nicht integrierbar erwiesen.
Aber auch in diesem Bereich trifft man auf die Mischung von Fremdenfurcht und Faszination des Fremden. Gerade im Bereich nichtoffizieller religiöser Praktiken wie etwa dem der Magie, der Zauberei und Wahrsagekunst vertraute man insbesondere Menschen exotischer Herkunft. Aus diesem Grund lesen sich manche Zauberformulare wie wirres Gestammel. Sie sollten das Gefühl des ganz Anderen, des Fremden vermitteln. Daß der, der es beherrscht, selbst möglichst fremd erscheinen oder sein sollte, liegt in der

Logik der Praxis. Die Aufgeschlossenheit gegenüber dem Fremden paart sich oft mit Neugier und Wissensdurst. Er ist Träger unbekannter Geheimnisse und als solcher willkommen und gefürchtet zugleich. Auf dem Gebiet der religiösen Verkündigung war Fremdheit kein Makel.

Hinzu kommt, daß eine Erscheinung wie Rassismus der römischen Antike unbekannt war. Das heißt nicht, daß es nicht so etwas gab wie das Gefühl gruppenzentrierter Überheblichkeit und Verachtung. Näherhin kann man darin sogar ein Prinzip der römischen Staatsideologie sehen. Doch war es keineswegs ein Gefühl, das den Römern vorbehalten war. Von Griechen etwa wurden die Römer verachtet, und zwar weil sie nach griechischer Wahrnehmung auf das beschränkt waren, was diese sich als Vorteil anrechneten: ihre militärischen Leistungen. Kulturell hatten die Römer nach dieser Sicht nichts vorzuweisen, was mit der Tradition der Griechen mithalten konnte. Und auch bei Juden gab es gegenüber Nichtjuden eine Haltung, die man mit religiöser Abwertung umschreiben konnte. Die Polemik gegen sinn- und geistlose Verehrung von Götterbilder etwa war schon Bestandteil der prophetischen Spottrede über die Völker; ihre Sitten galten als verwildert und abstoßend. Paulus, der pharisäische Jude aus Tarsus, kann ganz selbstverständlich das Handeln von Nichtjuden als negativ abqualifizieren (vgl. 1 Thess 4,4f.; 1 Kor 5,2). Sie sind »Sünder von Natur her« (Gal 2,15). Hier artikuliert sich die Gewißheit, daß Gott mit seinem Volk Israel ist und nur aus diesem Grund wahres Leben gelingt.

Daß diese ablehnenden Gefühle ein gefährliches Konfliktpotential enthielten, kann nicht bestritten werden. Der schwelende Konflikt in Alexandrien etwa zwischen der ägyptischstämmigen Einwohnerschaft und der jüdischen nahm in den ersten Jahrzehnten des 1. Jahrhunderts bürgerkriegsähnliche Zustände an. Aversionen konnten in Gewalt umschlagen. Aber dennoch kann von einem Rassismus oder Fremdenhaß trotz aller Vorurteile nicht gesprochen werden. Das römische Reich war das bisweilen ungeliebte einigende Band, das die verschiedenen Ethnien verband. Schon aus staatspolitischen Gründen verbot sich jede ethnische Ausgrenzung, da damit der Gedanke der Pax Romana, des Friedens für alle Bewohner im Reich bedroht gewesen wäre. Selbst Völker, die in den unwirtlichsten Gegenden hausten und nach Wahrnehmung anderer Gruppen eher als Barbaren erschienen – ein Sammelbegriff zur Qualifizierung von Menschen vermeintlich minderen kulturellen Niveaus –, gehörten, wenn sie auf nationale Selbständigkeit verzichtet hatten, zum Wirkkreis des römischen Friedens. Der gemeinsame Status als Untertanen des römischen Reiches bedeutete trotz aller Unterschiede auch ein Stück Akzeptanz der anderen als Gleiche. Wiederum sei Paulus genannt, der diese Akzeptanz mitbrachte und sie zugleich theologisch zu deuten vermochte. Aber auch er läßt uns darüber im Unklaren, wie er die erste Begegnung etwa mit Bewohnern Galatiens und ihren religiösen Praktiken erlebt hat. Seine Briefe sprechen davon nicht, sondern belegen die erfolgte Überwindung des Fremden in der Predigt des Evangeliums und der gläubigen Annahme der Botschaft.

Während Fremde und Nächste Oppositionsbegriffe sind, ist der Begriff Feind zunächst nicht in dieses Schema einzuordnen, da der Status des Feindes nicht nur eine Haltung der Feindseligkeit voraussetzt, sondern auch das angenommene Wollen und die Bereitschaft zur Schädigung des anderen an Leib und Leben. Hinzu kommt, daß auch die antike Gesellschaft und Politik die Konstruktion des Feindbildes, unabhängig vom tatsächlichen Verhalten des so Qualifizierten, kennt. So reichte dem König Herodes bereits die Vermutung, irgend jemand könne sich irgendwann als sein Gegner erweisen, um ihn beseitigen zu lassen oder auch, wenn es um auswärtige Gegner ging, ein militärisches Abenteuer vom Zaun zu brechen. Kaiser Nero dagegen wurde u.a. gerade seine Entfeindungspolitik gegenüber dem persischen Reich zum Verhängnis; dem Militär und der römischen Nobilität kam dieser politische Schwenk zur Aufgabe eines vertrauten Feindbildes keineswegs gelegen.
Ob die römische Staatsmacht im römischen Reich als Feind empfunden wurde, liegt zweifelsohne am Standpunkt, den man einnimmt. Gerade angesichts der offensichtlichen Leistungen des römischen Staates auf zivilisatorischem Gebiet sollte man nicht vergessen, daß diese u.a. nicht zuletzt durch rigide Unterdrückungsmechanismen ermöglicht wurden. Widerstand gegen Rom war keineswegs auf die Juden beschränkt, auch wenn der judäische Krieg für Rom eine außerordentliche und kaum vergleichbare Bedrohung darstellte. Keineswegs alle Untertanen fühlten sich in ihrer Rolle wohl. Wie leicht man Opfer der römischen Gewalt werden konnte, belegt der Kreuzestod Jesu, der nach Sicht seiner römischen Henker schon deswegen gerechtfertigt war, weil sein friedfertiges Verhalten in einer bestimmten politischen Konstellation als bedrohlich gelten konnte.[6] Die Verkündigung des Kreuzes ist nicht nur für Außenstehende eine Dummheit, sondern kann auch eine politische Kühnheit in einem politischen System sein, in dem diese Strafe allenthalben zur Unterdrückung verhängt wurde, freilich nicht an römischen Bürgern.
Es gab aber auch eine Feindschaft, die sich nicht auf der politischen Ebene ereignete, sondern zwischen Menschen aufbrach, die zuvor in einer Bindung zueinander standen. Wenn an die Stelle von Miteinander das feindliche Gegeneinander trat, konnte sich hier ein Potential von Abgrenzung, Ablehnung und Gewalt entwickeln, das sehr wohl als Konsequenz die physische Vernichtung einschloß. In Apg 6,8–15 ist als Zentrum des Konfliktes die Auseinandersetzung des Stephanus mit anderen hellenistischen Juden zu erkennen, mit denen er nach aller Wahrscheinlichkeit vorherig in synagogaler Gemeinschaft lebte. Die Feindschaft, die der vorherigen Verbundenheit folgt, manifestiert sich im Lynchmord.
Jesus, seine Jüngerinnen und Jünger, die frühen Gemeinden im Mutterland und dann auch die in der Weite des römischen Reiches haben Feindschaft sowohl von seiten staatlicher Macht als auch von ihnen einst Verbundenen erfahren. Doch neben die Frage nach dem Wie und Warum kann gleichberechtigt und vielleicht in unserer Zeit notwendigerweise eine andere treten:

wie nämlich mit der Erfahrung der Feindschaft umgegangen wurde, wie sie im Glauben ertragen und gelebt wurde, aber auch, welch tiefe Narben sie hinterließ.

Die Welt und die Zeit, in der begründet wurde, worauf das Christentum bis heute basiert, waren spannungsreich. Genauerhin trug die Entstehung des christlichen Glaubens zu dieser Spannung in dem Maße bei, in dem sie auch davon lebte. Auch die Entstehung und Ausprägung einer Religion, eines Glaubens geschieht nicht unberührt von den Zeitläufen, in denen sie sich zutragen. Freilich ist die Zeit des 1. Jahrhunderts unvorstellbar weit von der unsrigen, und doch ist sie für die, die sich Christen nennen, die Zeit des Anfangs und damit die der eingeschriebenen Erinnerung. Den Anfang erinnern heißt immer auch zu fragen, wie Leben im Glauben in der vorgegebenen Welt möglich sein kann. Und weil die Frage gleichbleibend aufgegeben ist, können die je verschiedenen Antworten auch heute Hilfe zur eigenen Antwort sein.

B. Die zwischentestamentarische Zeit des Judentums – Die Psalmen Salomos als Beispiel

1. Vorbemerkung

Während die Zeit und die Literatur dieser Epoche gut erforscht sind[1], ist der Begriff selbst ein wenig unklar. Er bezeichnet den Zeitraum zwischen der Endfassung der meisten Schriften, die jetzt im Alten Testament gesammelt sind, und der Zeit der Entstehung der neutestamentlichen Schriften, wobei sowohl der Beginn und das Ende dieses Abschnitts vage bleiben, wie es allerdings nicht anders zu erwarten ist, wenn ein historischer Abschnitt nach literarischen Produkten begrenzt wird. Da oft die Zerstörung des Tempels zu Jerusalem als Endpunkt genommen wird, wäre es auch gerechtfertigt, von der Zeit des Zweiten Tempels zu sprechen. Aber damit ist eine Konzentration auf Judäa gegeben, die nicht der Wirklichkeit entspricht.
Die meisten der Texte dieser Zeit sind entweder in der Diaspora entstanden oder selbst dann, wenn sie im Kernland verfaßt wurden, von ihrer theologischen Thematik her keineswegs auf das Land selbst zentriert, sondern wollen darüber hinaus gelesen werden; daher wurden sie zumeist sehr schnell übersetzt, so daß sie auch Griechischsprechenden zugänglich waren.
Die Texte insgesamt sind Zeugnisse eines überaus lebendigen theologischen Dialogs, dessen zentrales Thema die Reflexion der Möglichkeiten war, die sich unter veränderten Bedingungen boten, so zu leben, daß es als mit der Tradition Israels im Einklang stehend gedeutet werden konnte; es geht mithin um das Sein, Werden und Bleiben des Jüdischen.
Die Antworten der Texte auf die verschiedenen Probleme fallen sehr unterschiedlich aus. Einige Autoren erlebten die Gegenwart als so widergöttlich, daß sie nur noch auf einen Abbruch der Geschichte durch Gott hoffen konnten oder die Hinaufführung einer neuen Zeit durch einen von Gott Erwählten, sei es nun ein Prophet, Messias oder Engel, erwarteten. Daneben sind aber auch Geschichtswerke, narrative theologische Texte, Prophetien und Visionen, Romane und poetische Texte wie etwa Psalmennachdichtungen entstanden, die in die gegebene Situation einwirken wollen.
Alle diese Texte vermitteln Einblicke in die Denkweise und Lebenswelt ihrer Verfasser; jedoch wird man die Texte nicht als schlichte Wiedergabe der Wirklichkeit lesen können, sondern wird genau die jeweilige Intention des Textes zu bedenken haben. So kann etwa die Beschreibung einer »heilen« jüdischen Gemeinde in der Diaspora dazu dienen, Mißstände im eigenen Lebensumfeld aufzudecken. Man erfährt dann zwar, wie sich der Autor ein solch ideales Leben denkt, aber man kann daraus nicht schließen, daß dem dann tatsächlich auch so ist.

Einige Texte arbeiten mit der Fiktion des Alters. Sie werden einem angesehenen Autor der Vergangenheit zugeschrieben, um mit dessen Autorität zu sprechen und sich eine distanzierte, aber dennoch verbindliche Sichtweise anzueignen. Bei dieser Pseudepigraphie sollte man nicht historisch schlicht sogleich von Fälschung sprechen; denn abgesehen von der anderen Praxis der Textproduktion und Edition der Antike wird dabei nicht ernst genommen, daß sich hier religiöses Empfinden und Sorgen artikulieren; dabei ist nicht von vornherein auszuschließen, daß sich das Mitgeteilte vorgängig in subjektiv als wahrhaftig erfahrenen Visionen und Auditionen konkretisiert hat, die diese Art legitimierten.

Wenn der literarische Reichtum dieser Zeit auch nicht hoch genug eingeschätzt werden kann und für ein Verstehen der neutestamentlichen Schriften unabdingbar ist, so zeigt aber auch die Überlieferungsgeschichte dieser Literatur, wie geschichtliche Ereignisse Vertrautes in Fremdes wandeln.

Man muß nicht erst daran erinnern, daß die christlichen Kirchen bis heute keinen Konsens über den Wert dieser Schriften erreicht haben; spannender ist die Rezeptionsgeschichte dieser Literatur in der Antike. Denn obwohl sie alle im Umfeld des Judentums entstanden sind, sind sie nicht dort tradiert worden, sondern im Christentum. Hier wurden sie gelesen, ausgelegt, überarbeitet und für die eigene Theologie benutzt. Die spätantike christliche Bibelauslegung etwa ist ohne die Arbeiten des Philo, des wohl kreativsten Denker der jüdischen Antike, nicht vorstellbar. In dem Maße, in dem das hellenistische Judentum im Verbund des Judentums an Bedeutung verlor, wuchsen seine Schriften in das Christentum hinein und fanden dort Heimat. Die Kirche ist zwar gewiß nicht Erbin Israels, aber sie ist mit Sicherheit Erbin des hellenistischen Judentums.

So liegen die Psalmen Salomos (PsSal)[2] trotz judäischer Herkunft nur mehr in griechischer und syrischer Übersetzung vor. Sie wurden insbesondere in der Alten Kirche Syriens geschätzt. Aber auch anderssprachige christliche Autoren haben sie gekannt. Die Sammlung, Zusammenstellung und abschließende Bearbeitung der Psalmen Salomos wird im 1. Jahrhundert v. Chr. wahrscheinlich in Judäa, näherhin in Jerusalem, erfolgt sein, während einzelne Lieder dieses Buches bereits beträchtlich älter sind. Ob die Sammlung ursprünglich in Aramäisch herausgegeben wurde, ist trotz Versuchen der Rückübersetzung nicht sicher zu belegen. Das reichlich unelegante Griechisch läßt aber keinen Zweifel daran, daß die Editoren und/oder Übersetzer nicht griechischsprachig aufgewachsen sind. Für die Annahme, die griechische Edition sei erst in christlichen Kreisen erfolgt, gibt es keine Belege; verkannt wird dabei auch die Wichtigkeit des Griechischen für das Jerusalem dieser Zeit. Die griechische Edition wird im Hinblick auf einen größeren Leserkreis zeitgleich mit der endgültigen Sammlung erfolgt sein.

Die achtzehn Lieder sind an der Formvorgabe der »klassischen« Psalmen orientiert, haben aber stärker als diese einen lehrhaften Charakter und erinnern trotz ihrer Form an Texte der Weisheitsschule. Auch die thematische Zusammenstellung, die in einem eschatologischen Ausblick mündet, orientiert sich an der Struktur des Psalters. Der PsSal 1 dürfte erst im Blick auf die Sammlung verfaßt worden sein, um die Thematik vorzugeben.

Zentrale Themen der Psalmen sind die Geschichtstheologie, die unter den Aspekten der Gerechtigkeit und des Gerichts Gottes entfaltet wird, die Frage nach der Heiligkeit des Kults und der Lebenspraxis als Gerechter. Aus diesen Fragestellungen ergibt sich dann folgerichtig die Frage nach der Zugehörigkeit zu Israel.

Die immer noch vertretene These, die einzelnen Texte seien alle pharisäischen Ursprungs, entbehrt eines sicheren Beweises. Mit dieser Zuschreibung in der Forschung des 19. Jahrhunderts sollte augenscheinlich nur der Verlegenheit abgeholfen werden, daß es keine sicher zu bestimmenden Texte der Pharisäer gibt, deren literarische Fixierung früher als die neutestamentliche Überlieferung ist. Mit der Frühdatierung und Zuschreibung der Psalmen Salomos versuchte man, eine literarische Lücke zu schließen. Es handelt sich vielmehr um Dokumente einer religiösen Gruppierung, die am Ideal der Toratreue und an dem eines theokratisch verfaßten Israel festhielt; die Gerechtigkeit Gottes als innerweltliche Ordnungs- und Gerichtsmacht wurde weiterhin in geschichtlichen Ereignissen gesehen, allerdings trat dazu eine eschatologische Konzeption, die den Gerechten die Rettung durch Gott verhieß. Zu dieser Konzeption gehört auch die Gestalt eines Messias zur Aufrichtung Israels.

Die Verfasser sind Vertreter einer konservativen Erneuerungsbewegung; d.h. sie erwarten die Restituierung aus der Rückbesinnung auf die Tradition und durch die völlige Ausrichtung auf Gott durch die Bewahrung seiner Gesetze. Sie definieren sich selbst als »Gerechte« und »Fromme«. Daß es sich bei den Verfassern der Psalmen Salomos keineswegs um eine reine Sektierergruppe handelte, kann man daran erkennen, daß Motive der Theologie dieser Texte in Varianten auch in anderen theologischen Kontexten späterer Zeit begegnen. So finden sich auch im Neuen Testament Parallelen, etwa in den Liedern der Kindheitsgeschichte bei Lukas. Allerdings liegt keine direkte literarische Abhängigkeit vor, sondern die Parallelen belegen vielmehr, daß die Theologie der Psalmen Salomos entschieden als repräsentativ angesehen werden kann für eine breite theologische Strömung seit der Hasmonäerzeit, die die Literatur der zwischentestamentarischen Zeit nachhaltig beeinflußte.

Die Psalmen Salomos stehen beispielhaft für einen durch die historischen Entwicklungen notwendig gewordenen Reflexionsprozeß, der seinen Niederschlag auch im Verhältnis zu anderen fand. Durch die veränderten sozialen und machtpolitischen Konstellationen konnten die vorgegebenen Modelle aus der Zeit der Eigenstaatlichkeit oder gar aus der von den Verfassern der Psalmen Salomos recht verklärt wahrgenommenen Zeit des Anfangs nicht einfach reproduziert werden, sondern mußten, wenn man sie nicht völlig aufgeben wollte, modifiziert in eine neue Praxis umgesetzt werden.

Die Verfasser der Psalmen Salomos standen in Opposition zu den Hasmonäern; diese hatten in ihren Augen nicht die Befreiung Israels gebracht, sondern eine neue Form von Herrschaft, die von den Idealen unendlich weit entfernt war und Israel nur Schaden und Verderben zufügte.

Die bleibende Aktualität über den Zeitpunkt ihrer Entstehung hinaus bezogen diese Texte letztendlich aus den sich stetig verschlechternden politischen Konstellationen, sei es nun unter Herodes oder unter römischer Hegemonie, die das tiefgehende Machtmißtrauen der Texte immer wieder bestätigten.

2. »Schlimmer als die Heiden« – Zum Feindbild der Psalmen Salomos

Bemerkenswert ist an den Psalmen Salomos im Rahmen der vorliegenden Fragestellung insbesondere die Konstruktion des Feindbildes.
Die polemische Stoßrichtung der Texte zielt nicht auf die aus den Völkern, sondern auf die Feinde im eigenen Volk selbst. Auf sie wird das Material der Fremdvölkerreden übertragen, so daß sie, obwohl zu Israel gehörig, nun wie auswärtige Feinde dargestellt werden. Damit ist nicht nur etwas über die Wahrnehmung der Verfasser ausgesagt, sondern es läßt auch erkennen, daß einfache Gleichungen wie die, daß die Feinde Nichtisraeliten sind, nicht mehr aufgehen, sondern durch die Erfahrung innerisraelischer Konflikte neu definiert werden müssen. Die inneren Feinde werden als die tatsächliche Bedrohung erlebt. Schon der Schlußvers (1,8) läßt an ihrer Verworfenheit keinen Zweifel:

> »...ihre Übertretungen übertrafen die der Heiden vor ihnen,
> durch Entweihung entweihten sie das Heiligtum des Herrn.«[3]

Gemeint sind mit diesem Vorwurf die hasmonäischen Regierungscliquen, die ihnen willfährige Jerusalemer Priesteraristokratie und damit auch die Gruppe der Sadduzäer. Ihr Vergehen am Zentralheiligtum und damit an Gott wird in die lange Geschichte von Gewalttaten gegen den Tempel gestellt. Immerhin erinnert der Psalm Salomos damit auch die noch lebhaft in Erinnerung stehenden religionsunterdrückenden Aktionen der jüngeren Geschichte, die zur Erhebung der Makkabäer und damit zur Erlangung von königlichen und hohepriesterlichen Würden durch die Hasmonäer führte. Nach dem Psalm Salomos ist jedoch die von Juden geschehene Versündigung schwerer als die von Nichtjuden. In der Ausführung der nachfolgenden Psalmen Salomos wird dieser Vorwurf einerseits inhaltlich polemisch gefüllt, andererseits wird dargelegt, daß ihretwegen das strafende Gericht Gottes über Israel hereingebrochen ist. Durch ihre Versündigung haben sie nicht nur gegen Gottes Willen verstoßen, sondern auch sein Gericht – vollzogen durch fremde Truppen – heraufbeschworen.
Das Feindbild der Psalmen Salomos speist sich aus Erfahrung und Deutung dieser Erfahrung. Man muß nicht eifernd fromm gewesen sein, um wahrzunehmen, daß die Hasmonäer, erst einmal an der Macht, sich recht schnell zu einem Königshaus hellenistischen Typus wandelten, das zum Machterhalt Traditionen und Ideale hintanstellte und auch bereit war, das Amt des Hohenpriesters zu einem Gut im politischen Handel zu machen, und sei es in Umgehung der legitimen Erbfolge.

Die Verfasser der Psalmen Salomos wissen weiterhin von vielen anderen schändlichen Taten zu berichten, ob nun Ehebruch oder Blutschande im Heiligtum. Man muß hier nicht nach der historischen Wirklichkeit fragen; die sexuelle Polemik lebt von der Unnachprüfbarkeit. Bemerkenswert ist vielmehr, daß überhaupt in einer kultisch orientierten Gruppe das unvorstellbare Vergehen Gegnern unterstellt wurde. Nicht nur die Tat, sondern bereits ihr Erwähnen stellt eine religiöse Tabuverletzung dar, die wohl nur aus der tiefen Verachtung und dem tiefen Haß gegen die Jerusalemer Hierarchen verstehbar und denkbar ist. Polemik zwischen religiösen Gruppen trägt oft auch die Spur des Grauens über tatsächliches oder vermeintliches Geschehen. Hinzu kommt, wie die Psalmen Salomos zu erkennen geben, das Unvermögen zu begreifen, wie die, denen der Tempel anvertraut ist, so zu handeln vermögen. Da die Autoren der Psalmen Salomos nicht den Schritt tun, den Kult in seiner Gesamtheit zu verwerfen, sondern die Praxis der Sünder, stehen sie vor einem ernsthaften theologischen Problem, das darin besteht, ob der Kult dennoch seine sühnende Wirkung behält. Auch wenn letzte Eindeutigkeit nicht gesichert ist, so kann man doch den Psalmen Salomos entnehmen, daß die Autoren dieser Kultpraxis eine religiöse Bedeutung absprechen, da die Opfer durch das Tun der Gegner ihrer Heiligkeit beraubt wurden (PsSal 8,11–13):

> Sie rauben Gottes Heiligtum, als gäbe es keinen,
> der das Erbe antreten könnte.
> In voller Unreinheit betraten sie den Altar des Herrn ...
> Sie ließen keine Sünde übrig, die sie nicht verübten.

Die Verfasser folgen mit der Deutung dieser Ereignisse einem theologischen System, das in der Exilszeit entstand und nachherig weiterentwickelt wurde. Das sogenannte deuternomistische Geschichtsbild besagt, daß Gott Israel um seiner Sünden willen der Strafe, die meist als kriegerische Übergriffe gedeutet werden, anheimgibt, es aber, wenn es sich bekehrt, wieder in seiner Gesamtheit oder in Teilen aufnimmt. Der zentrale Gedanke der Treue und Gerechtigkeit Gottes bleibt somit gewahrt, da die Schuld immer bei Menschen liegt.

Dieser Deutung ist es eigen, daß sie in Krisensituationen prophetisch als Vermahnung eingebracht wird oder daß sie erst nach dem Geschehen einsetzt; das als Gericht gedeutete Ereignis stellt erst die Schuldfrage und benennt zugleich die Schuldigen und die Größe ihrer Schuld (PsSal 8,8):

> Gott hat ihre Sünden offengelegt unter der Sonne,
> die ganze Erde erkannte die gerechten Gerichte Gottes.

Nach Auffassung der Verfasser der Psalmen Salomos haben die Jerusalemer Machtcliquen durch ihr schändliches Verhalten das strafende Gericht über Israel gebracht. Da das Volk kollektiv leidet unter den Sündenfolgen der Mächtigen, ist deren Sünde gegen Israel gleichsam perpetuiert. Im gegenwärtigen Leiden Israels wächst ihnen wiederum Schuld und Versagen zu. Die Wahrnehmung der Gegner als Feinde Gottes und Feinde Israels, als

moralisch und religiös verkommene Akteure in angemaßten Ämtern ist trotz aller möglichen Anhalte in der Realität bei den Verfassern der Psalmen Salomos subjektiv bestimmt. Ohne ihnen ein religiöses Entsetzen über das Geschehen abzusprechen, ist ihr Urteil auch in ihrer widersprüchlich erlebten Situation begründet. Die Autoren lassen nämlich keinen Zweifel daran, daß sie ihren Lebensentwurf und ihre Praxis als der Tora und Tradition entsprechend ansehen und ihn für verbindlich erachten. Diese Selbstwahrnehmung entspricht nun aber keineswegs ihrer politischen und offiziellen religiösen Bedeutung. So betrachtet ist die wilde Polemik des Feindbildes Ausdruck einer als marginalisiert erlebten Realität, die auf die Vergehen der Feinde zurückgeführt wird. Allerdings hat man auch bei den Psalmen Salomos zu veranschlagen, daß die gesamte Antike die rhetorische Polemik fast mit Begeisterung pflegte; doch kann diese Beobachtung nicht die Ernsthaftigkeit der Anschuldigungen außer Kraft setzen. Die heftigen Attacken sind nicht irgendwelche rednerischen Fingerübungen, sondern in prophetischer Manier vorgetragene Urteile, die in unverhohlener Zustimmung den Untergang der Feinde ankündigen bzw. ihn als Gericht Gottes preisen.
Daß es sich bei den Gegnern um Mitglieder des Volkes Israels handelt, um Priester und Kultusbeamte, spielt in der rhetorischen Ausgrenzung nur noch eine negative Rolle in dem Sinne, daß ihre Verbrechen desto schwerer wiegen. Für die Autoren der Psalmen Salomos geht der Riß durch das Volk selbst, wobei die weisheitliche Komponente der Machtkritik deutlich zu hören ist, da dieser Riß Mächtige von Machtlosen trennt. Die ethnische und religiöse Gleichheit ergibt im Verständnis der Psalmen Salomos keine konsensfähige Basis mehr, sondern führt zu einer Verschärfung des Feindbildes. Daß hier, wenn auch noch unausgesprochen, grundsätzliche Fragen aufbrechen, wie die nach einer Neudefinition dessen, was Israel ist und wie sich die Zugehörigkeit zu Israel konstituiert, ist offensichtlich. Die Psalmen Salomos legen ein beredtes Zeugnis davon ab, daß die Definition des Feindes als Israel-Fremder nicht mehr so einfach möglich ist. Die politischen und theologischen Entwicklungen nötigen vielmehr dazu, der Wirklichkeit Rechnung zu tragen, daß spätestens seit der Makkabäerzeit die Vorstellung eines einheitlichen religiösen und politischen Israels eine Fiktion ist, die jedoch als eschatologische Hoffnung die Gegenwart kritisch in Frage stellt.

3. Die Wahrnehmung der Fremden oder der Versuch, die Realität zu bewältigen

Daß den Psalmen Salomos ein explizites Interesse an der Frage, wie mit Fremden umzugehen sei, fehlt, kann nicht wundernehmen. Ihre Intention ist israelzentriert; hier liegt die eigentliche theologische Problematik, mit der die Verfasser sich auseinanderzusetzen hatten. Daß die Fremdenthematik nicht intensiv literarisch behandelt wird, läßt aber nicht den Schluß zu, daß den Verfassern die Situation, die etwa eine römische Hegemonie be-

deutete, gänzlich gleichgültig war. Nur, so wird man vielleicht mit leichter Feder schreiben dürfen, hatte der Schrecken vor den Fremdvölkern angesichts des Verhaltens der eigenen Machteliten doch abgenommen.
Für die Verfasser haben die Fremdvölker ihrer theologischen Konzeption gemäß eine wichtige Funktion im Geschehen zwischen Israel und Gott: Die fremde Macht wird zu einem Instrument der strafenden Gerechtigkeit Gottes. Historischer Anhalt der Deutung ist die Einnahme Jerusalems 63 v. Chr. durch Pompejus, die von Gott als Strafgericht über Jerusalem herbeigeführt wird, wobei der Psalmendichter mit grimmigem Spott konstatiert, daß die Jerusalemer Mächtigen sich selbst auslieferten (PsSal 8,15–16):

> Vom äußersten Ende führte er (sc. Gott) ihn, der gewaltig schlägt,
> er beschloß den Krieg gegen Jerusalem und sein Land.
> Die Herrscher des Landes gingen ihm entgegen mit Freuden,
> sie sprachen zu ihm: Gesegnet dein Weg! Ziehe ein in Frieden!

Durch die Deutung der Psalmen Salomos ist der äußere Feind, dessen Gewalttaten keineswegs beschönigt werden (PsSal 2,8) und die zutiefst als Leid erfahren werden (PsSal 7,6), Bestandteil der Geschichte Israels mit seinem Gott. Durch die kriegerischen Verheerungen vollzieht er das innerweltliche Gericht Gottes, der sich in diesem Tun als gerechter Richter erweist (PsSal 2,18). Dem Frommen bleibt angesichts der Größe der Schuld in Israel das Handeln Gottes an Israel als notwendiges anzunehmen (PsSal 2,15–16):

> Ich gebe dir Recht, Gott, aus aufrichtigem Herzen,
> denn in deinen Urteilen ist deine Gerechtigkeit, o Gott!
> Denn du hast den Sündern nach ihren Werken vergolten
> und nach ihren überaus schweren Sünden.

Wenn sich demnach in dem kriegerischen Auftreten der Fremden die Macht Gottes artikuliert, so gehen die Psalmen Salomos dennoch nicht etwa soweit, eine die heilsgeschichtlichen Unterschiede aufhebende Integration der Fremdvölker in einen theologischen Neuentwurf vorzunehmen. Israel bleibt auch in der Sünde und im Gericht Volk der Erwählung (PsSal 9,9–10) und auch die schlimmsten Frevler sind noch »Söhne des Bundes« (PsSal 17,15), während der Fremde eben darum Fremder bleibt, weil er den Gott Israels nicht kennt, weil, wie es der Psalmist poetischer formuliert, »...sein Herz fremd ist von unserem Gott« und er in dieser Fremdheit der Unkenntnis handelt (PsSal 17,13–14).
Das Kriterium der Fremdheit ist das Kennen bzw. Nichtkennen des Gottes Israels. Damit ist gewiß nicht ein rein verstandesmäßiges Wissen gemeint, das von der von Gott gewollten Praxis absehen kann; aber der Ermöglichungsgrund dieses Wissen und seiner Praxis ist die Zugehörigkeit zu dem Volk, auf das Gott seinen Namen gelegt hat (PsSal 9,9). Allerdings, so viel wird man sagen können, gilt dieses Kriterium gegenseitig. Es war der Glaube an den Einen Gott, der Israel unter den Völkern fremd sein ließ.
Aber trotz dieser grundlegenden Distanz der Fremden zu Gott haben die Verfasser der Psalmen Salomos keinen Zweifel daran, daß Gott sich auch

den Nichtisraeliten als sorgender Gott erweist, der sie lebendig hält (PsSal 5,11), der sein Erbarmen über die ganze Erde erstreckt (PsSal 9,13). Die universelle Herrschaft findet dann aber erst die Antwort der jetzt Fremden, wenn die Völker nach Jerusalem ziehen, um dem Messias Gottes ihren Respekt zu erweisen und die Herrlichkeit Gottes über Israel zu sehen (PsSal 17,31). In der eschatologischen Heilszeit werden die Völker Zeugen der Restitution Israels. Allerdings gehört zum Szenario dieser endzeitlichen Wiederherstellung Israels, daß die Macht der Fremdvölker über Israel durch den Messias gebrochen wird und daß das Land durch die Gegenwart Fremder nicht mehr entheiligt, sondern wie zu Anfang ganz heilig durch heilige Bewohner ist (PsSal 17,21–29). Die eschatologische Hoffnung lebt von der Erinnerung einer Vergangenheit, die es so nie gegeben hat; Hoffnung und Erinnerung schaffen sich gleichsam ihre eigene Wirklichkeit. Der immerhin mögliche Einwand, wie sich die völlige Befreiung des Landes Israels von den Fremden mit der Völkerwallfahrt vertragen soll, ergibt sich für die Verfasser offensichtlich nicht. Der Wunsch, dereinst von den Völkern befreit ein wahres Leben als Israel zu führen, verträgt sich durchaus mit der Vorstellung, daß die Völker eben dessen Zeugen werden.

Freilich artikulierten sich auch in dieser Utopie noch realistisches Denken und Friedenshoffnung zugleich. Trotz einer recht kriegerischen Sprache erwarten die Verfasser die Befreiung als einen Machterweis des Messias »durch das Wort seines Mundes« (PsSal 17,36) und setzen nicht auf militärische Macht.

Fremder ist für die Psalmen Salomos der, der nicht den Glauben an den Einen Gott teilt, nicht zu Israel gehört. Von dieser Voraussetzung aus vermögen die Verfasser die Fremden zwar in ihr theologisches System zu integrieren, aber es gibt keinen Hinweis darauf, wie die reale Praxis aussehen könnte. Der Umgang mit Fremden wird, wie bereits bemerkt, nicht thematisiert, obwohl er zu der Erfahrungswelt der Verfasser gehört haben muß; daß die Gegenwart der fremden Macht als bedrängend empfunden wurde, ist zwar offensichtlich, aber es gibt keinen Hinweis darauf, daß man an eine gewalttätige nationale Erhebung dachte. Ihre Deutung, daß die Gegenwart der Fremden eine von Gott gewollte Strafe war, kann der Grund für eine gewisse hinnehmende, abfindende Haltung sein, die ihnen aber zugleich die Kraft gab, die Situation zu ertragen.

Freilich bleibt die Frage, ob die Lebenspraxis, in der die Verfasser standen, nicht dergestalt war, daß ihnen das Problem einer Begegnung mit Nichtisraeliten selten widerfuhr.

4. Der Verlust des Nächsten – Die Neudefinition der Zusammengehörigkeit

Vom Nächsten wird in den Psalmen Salomos wörtlich nur an einer einzigen Stelle gesprochen, und zwar im Sündenregister der Gegner (PsSal 8,10):

> Sie trieben Ehebruch, ein jeder mit der Frau seines Nächsten,
> sie trafen unter sich eidliche Absprachen darüber.

Der Ehebruch, die Konstatierung der sündigen Tat erfolgt in überdeutlicher Anspielung auf Ex 20,17 und Dtn 5,21. Wie wenig die Gegner die Scheu vor dem Gesetzesbruch kennen, wird wiederum an der Entweihung des Eids deutlich. Bei den Sündern ist die Bindung an den Nächsten nicht durch Verantwortung bestimmt, sondern als Gelegenheit zur »geregelten« Sünde wahrgenommen. Der Begriff hat an Bedeutung verloren, weil das damit ursprünglich Gemeinte, nämlich die Zusammengehörigkeit in einem Volk aufgrund des erwählenden Wirkens Gottes, sich in der Praxis nicht mehr als realisierbar erweist. Die Wirklichkeit, die den Autoren der Psalmen Salomos vor Augen steht, ist nicht dergestalt, daß die Auskunft, der Nächste sei der Angehörige des selben Volkes, wirklich befriedigen kann. Gewiß bezeugt auch PsSal 8,10, daß die Verfasser diese Vorstellung – vielleicht als Ideal – noch kennen, aber der Begriff selbst begegnet in ihren Reflexionen nicht mehr, wobei der sparsame Gebrauch des entsprechenden griechischen Wortes (plaesion) in der gesamten zwischentestamentarischen Literatur überhaupt auffällig ist. Es finden sich nur annähernd fünfzig Belege.
Die Psalmen Salomos setzen aber für diesen Begriff keinen neuen, so daß man das damit bezeichnete Verhältnis aus den Texten gewinnen muß. Der Raum, in dem man auf den Nächsten trifft, ist die Gruppe, die sich um die Gerechtigkeit müht, um ein toratreues Leben. Dieses Leben ist geprägt durch feste Rituale wie Gebet, Bußübungen durch Fasten (PsSal 3,8) und die gleiche Interpretation der Tora. Fast zwangsläufig mußte dieser Lebensentwurf, der sich in Opposition zu den herrschenden Machtverhältnissen vollzog, zu einer Isolierung und zu einem Rückzug auf die eigene Gruppe führen, da er nur hier ungefährdet gelebt werden konnte. Daß aber selbst hier der Zusammenhalt brüchig war, kann man an den vehementen Angriffen gegen die Heuchler erkennen (PsSal 4,5–6.19–22). Es handelt sich wohl um frühere Mitglieder der Gruppe, die sich aber gegen diese gewendet und ihr Schaden zugefügt haben. Rückblickend wird ihre Teilnahme als Verstellung und Lug bewertet. Sie entlarven sich selbst als Gegner, stehen mit ihnen auf einer Stufe und haben das gleiche Gericht zu erwarten. Daß diese Erfahrung wiederum das gegenseitige Vertrauen untergräbt, ist offensichtlich. Die Frömmigkeitsübungen der Gruppe haben daher auch gewichtigen Belegcharakter: An ihnen ist die Zugehörigkeit zu den Gerechten und Frommen zu erkennen, die darum wissen, daß sie dieser Praxis für ein Leben vor Gott bedürfen. Letztendlich aber ist das Offenlegen, wer tatsächlich als »Nächster« zu ihnen gehörte, dem Gericht Gottes überlassen, der in

seinem richterlichen Handeln die Sünder und die Frommen trennen wird, die einen zum Untergang, die anderen zum ewigen Leben (PsSal 3,10–12). Erst dann wird es nur noch Gerechte geben (PsSal 17,27):

> Und er wird nicht erlauben, daß Ungerechtigkeit ferner in ihrer Mitte wohnt,
> und kein Mensch, der mit dem Bösen bekannt ist, wird mit ihnen zusammenwohnen;
> denn er wird sie kennen, daß sie alle Söhne ihres Gottes sind.

5. Zusammenfassung

Die Psalmen Salomos geben zu erkennen, daß die Frage nach Feind, Fremder und Nächster aufgrund der geänderten politischen Situation und der konkurrierenden Gruppen neu gestellt werden mußte.

Konnte die Definition des Fremden zunächst traditionell mit der Nichtzugehörigkeit zu Israel erfolgen, so ist an ihrer Einordnung in die Geschichte Israels abzulesen, daß eine gänzliche Negativzeichnung nicht mehr erfolgen konnte, da sonst die geschichtstheologische Deutung nicht durchzuhalten gewesen wäre.

Von anderer Bedeutung ist die Erfahrung, daß die eigentliche Bedrohung Israels von Israel selbst ausgeht. Daß diese Erfahrung zweifelsohne zu einer Identitätskrise führen konnte, wird man nicht übersehen dürfen, bevor man die ausufernde Polemik gleich moralisch verurteilt. Hier artikuliert sich ein tiefes Unverständnis über die »Söhne des Bundes«, die eben diesen Bund zutiefst zerstören und mißachten. Die Zugehörigkeit zu Israel ermöglicht nicht einen Konsens, sondern verschärft den Konflikt.

Ungewiß ist für die Frommen aber auch, wer ihr Nächster ist. Nach der Erfahrung mit solchen, die die Gruppe verlassen haben, ist keine Sicherheit mehr zu gewinnen. Es spricht für die religiöse Tiefe der Gruppierung, daß sie letztlich die Antwort auf diese Frage Gott anheimstellen.

Dennoch: Angesichts der Situation und der je eigenen Erfahrung von Ausgrenzung und Feindschaft, von fremder und ungerechter Macht war die Frage nach dem Feind, dem Nächsten, dem Fremden keine von rein theoretischem Interesse, sondern stellte sich unvermittelt in der Praxis und drängte auf eine Antwort.

C. Der Bote des freundlichen, nahenden Reiches Gottes
Jesus von Nazaret und die Jesusüberlieferung

1. Jesus – die Einheit von Leben und Verkündigung

1.1 Vorbemerkung

Wenn man, sei es als Wissenschaftler oder Laie, sich zu Jesus von Nazaret äußert und zugleich Christ ist, dann kann und muß dieses Sprechen ein anderes sein, als wenn man als nicht Glaubender spricht. Sein christlicher Glaube stellt den Menschen in eine Beziehung zu Jesus, den die Christen als Christus und Sohn Gottes glauben; diese Beziehung prägt wiederum so sehr die Wahrnehmung Jesu, daß ein Absehen von diesem Glauben kaum gelingen kann. Gewiß ist es um der Rechenschaft des Glaubens willen notwendig, eine Sprachform und Sprache zu finden, die Argumentation nicht mit Bekenntnis verwechselt, aber dennoch ist auch hier auf Seiten des Glaubenden der Glaube nicht einfach abzulegen. Er artikuliert sich z.B. auch in der Sicht des historisch Geschehenen. So stehen auch die folgenden seiten unter dem Vorbehalt, der vielleicht so formuliert werden kann: Vor der Frage nach dem historischen Geschehen, das sich mit dem Namen Jesus verbindet, ist Jesus im Glauben schon Wirklichkeit geworden.
Wenn man weiß, daß die Library of Congress, gibt man das Suchwort Jesus in das Suchprogramm des Katalogs ein, bei zehntausend Nennungen aufhört, noch weitere Titel zu suchen, weil entweder der Computer an seine Grenzen angelangt ist oder ein kluger Programmierer darum wußte, daß kaum ein Mensch die ganzen Titel sichten, geschweige denn lesen könnte, dann kann man erahnen, wie unterschiedlich all diese Jesusdarstellungen sind.[1]
Bevor man nun die Zersplitterung bedauert und vielleicht wieder recht pauschal die Schuld den Boten der Nachricht, d.h. den Exegeten der Schrift, zuschreibt, sollte man innehalten, denn gewiß gibt es auch manche nunmehrige Unsinnigkeit, die über Jesus gesagt und geschrieben worden ist. Aber die Vielfalt der verschiedenen Interpretationen hängt auch ursächlich mit dem zusammen, dem sie gelten. Die vielfältige Bezeugung Jesu im Neuen Testament entspricht dem Wirken Jesu in Wort und Tat und der Erfahrung im Glauben. Daß die Evangelien auf verschiedenste Weise über und von Jesus erzählen, ist ja keine Erfindung der Neuzeit; das wußten schon die antiken kirchlichen Autoren und auch die Gegner der frühen Kirche. Die Evangelien als früheste Zeugnisse bezeugen überdeutlich, daß die Wahrnehmung Jesu in unlöslichem Zusammenhang mit der nachösterlichen Glaubenserfahrung und der Erfahrung seiner selbst steht. Wenn auch die Ostererfahrung die Wasserscheide jeder Äußerung über Jesus ist, dann kann das

keineswegs bedeuten, daß es keine authentischen Aussagen über den geschichtlichen Jesus mehr gibt. Vielmehr handelt es sich auch bei den Glaubenszeugnissen über Jesus in den überwiegenden Fällen um nachösterliche Explikationen jesuanischer Intentionen. Dabei ist nicht ausschlaggebend, ob es sich um wortwörtliche Wiedergaben jesuanischer Worte handelt, sondern wie diese Worte im Glauben an Jesus Christus weitertradiert werden, d.h. weiterleben. Denn auch das historisch gesicherte Wort Jesu ist ja »nur« deswegen von besonderer Relevanz, weil man darin nicht irgendeinen galiläischen Zimmermann hört, sondern den, der der Grund des christlichen Glaubens ist. Gerade weil die Jesusüberlieferung die Vielfältigkeit und auch Widersprüchlichkeit nicht verschweigt, verdient sie Vertrauen und ist glaubwürdig.

1.2 Jesus als Nächster

Spätestens als Jesus von Nazaret den Familienverband verließ, um als wandernder Bote des nahen Reiches Gottes aufzutreten, veränderte sich sein sozialer und gesellschaftlicher Status. Da die Überlieferung noch erkennen läßt, daß die Trennung von der Familie nicht ohne Konflikte ablief, und Jesus anders als spätere Evangeliumsboten nicht noch nebenher für seinen Lebensunterhalt arbeitete (vgl. Lk 10,7), war er auf Unterstützung durch andere angewiesen. Zu dem festen Unterstützerkreis ist wohl das Haus des Simon Petrus in Kafarnaum und das Haus der Maria und Martha in Bethanien zu zählen. Weiterhin sind an Förderinnen namentlich Johanna und Susanna genannt, die Jesus aus ihrem Vermögen finanziell förderten (Lk 8,3). Weiterhin erfährt man, daß Jesus von Menschen ganz unterschiedlichen Standes zu Gastmählern in Häuser gebeten wurde. Der Evangelist Lukas entwickelt daraus ein theologisches Motiv, das aber sehr wohl noch auf historische Erinnerung zurückgreift. Es war üblich, bekannte Prediger zu Tisch zu laden, und die Annahme einer solchen Einladung galt allgemein als eine Ehre. Bei Jesus ist jedoch bemerkenswert, daß er bei Menschen unterschiedlichster Provenienz zu Gast war. Es mag als normal gelten, wenn ein Prediger und Lehrer von einem Pharisäer zu Tisch gebeten wird, um dabei gelehrte Gespräche zu führen; kaum dem Normverhalten entsprach aber die Tischgemeinschaft mit öffentlichen Sündern und Sünderinnen. Dabei liegt der provokative Zug dieser Mähler darin, daß Jesus keineswegs in Abrede stellte, daß es sich um tatsächliche Sünder handelt. Ganz offensichtlich teilt er die gesellschaftlich-religiösen Normen, nach denen das Leben seiner Gastgeber als unmoralisch qualifiziert wurde. Anders ergibt der Spruch über Starke und Kranke (Mk 2,17) kaum Sinn. Nur war sein Umgang mit solchen nicht von Abgrenzung, sondern von Zuwendung geprägt. Er stellt damit die vorgegebenen Verhaltensmuster gleichsam auf den Kopf. Weil sie so sind, wie sie sind, muß er mit ihnen sein. Der Evangelist Markus stellt erzählerisch sehr gelungen den Konflikt dar, der sich daraus für die ergab, die diese Art des Umgangs zwar ablehnten, aber gleichwohl die Nähe Jesu suchten: Die Schriftgelehrten – für Markus typische Vertreter der Kritiker Jesu – müssen mitansehen, wie Jesus mit Sündern und Zöllnern ißt. Sie sind dabei und gehören doch nicht hinzu (Mk 2,16). Daß dieses Verhalten Jesu auch mißverständlich aufgefaßt werden konnte, zeigt das in Lk 7,34 überlieferte Wort, nach welchem Jesus als Fresser und Weinsäufer beschimpft wurde.

Für Jesus und die Menschen, die mit ihm Gastgemeinschaft hielten, waren diese Zusammenkünfte Orte der Erfahrung des Angenommenseins. Man übersieht zu leicht, daß Jesus von Nazaret tatsächlich die Unterstützung erfuhr, auf die er angewiesen war. Sein unerschütterliches Gottvertrauen, das sich nicht zuletzt darin auszeichnet, daß es alle Sorgen umfängt und sie Gott anheimgibt (Lk 12,22–29), den man auch um das Notwendigste bitten kann (Lk 11,5–13), wurde in diesem Zusammensein bewahrheitet.

Freilich könnte man meinen, das sei eine recht alltägliche Erfahrung gewesen, die einer theologischen Deutung kaum offensteht. Dazu ist zunächst zu sagen, daß die Erfahrung von Unterstützung für Jesus existentiell war und er diese zutiefst, wie die Worte vom vertrauensvollen Bitten belegen, als von Gott geschenkt erlebte. Des weiteren verstellt man sich den Blick auf die radikale Theozentrik Jesu, wenn man meint, er habe gleichsam Bereiche seines Lebens aus diesem Auf-Gott-Verwiesensein ausgegrenzt. Zu Jesu Praxis gehört nicht nur das, was er sagte und tat, sondern auch das, was er von anderen erfuhr.

Der Gaststatus, den Jesus während seiner Zeit als Verkündiger lebte, wäre ohne eine gegenseitige Beziehung nicht denkbar gewesen. In der Abdeckung des zum Leben Nötigsten wurden Gebender und Nehmender dem anderen zum Nächsten. Mit ziemlicher Sicherheit darf man annehmen, daß zahlreiche Menschen Jesus aufnahmen, weil sie seiner Botschaft glaubten und mit ihm als Verkünder dieser Botschaft Gemeinschaft halten wollten. Die Ausgestaltungen von Mahlszenen zu theologischer Unterweisung in der Jesusüberlieferung haben hier ihren Anhalt. Sie mußten nicht erst symbolisch überhöht werden, weil sie in der Grundstruktur bereits Verweischarakter trugen, nämlich auf die Annahme von Boten und Botschaft zugleich, und weil sie tatsächlich einen Vorgeschmack boten auf die Freundlichkeit des Reiches Gottes, das nicht zufällig in der Jesusüberlieferung in Erzählungen von Gastmählern illustriert wird. Der Evangelist Lukas, ein großer Erzähler, hat diesen Zusammenhang sehr schön dargelegt in der Erzählung vom Besuch Jesu beim Zöllner Zachäus (Lk 19,1–10). In der Aufnahme des Boten des Reiches Gottes ereignet sich Teilhabe am Heil: »Heute ist diesem Hause Heil geworden, denn auch dieser ist Abrahams Sohn« (V. 9). Der Jesus empfangende Zöllner erlebt Umkehr und erfährt Heilszuspruch und wird anerkannt als zugehörig zum Volke Israel. Er wird als das, was er ist, restituiert.

Wollte man solche tiefgehenden religiösen Erfahrungen in der Begegnung mit dem geschichtlichen Jesus abstreiten, käme man in arge Erklärungszwänge. So gewiß Jesus mit Ablehnung oder vielleicht nur Neugier begeg-

net wurde, so gewiß ist es auch, daß er bei vielen den Menschen verändernde Prozesse ausgelöst hat. Sein Charisma, das sich auch in Wundertaten wie Heilungen und Exorzismen ausdrückte, hat Menschen seiner Zeit vermitteln können, daß das Reich Gottes, das er verkündete, dergestalt war, daß es sich lohnte, dafür sein Leben zu ändern und sich darauf einzulassen, daß Gottes gute und heilvolle Macht drängend bevorstand und daß sie mit Jesus bereits vorwegnehmend erlebt werden konnte. An ihm konnte auch abgelesen werden, was es bedeutete, sich auf diese Botschaft und damit auf diesen Gott einzulassen. Seine Offenheit für alle Menschen, sein Annehmen derer, die sich als Sünder selbst ausgegrenzt hatten, und von Kranken, die nicht nur unter der Krankheit litten, sondern sich auch, wenn sie bestimmte Deutungen teilten, von Gott verlassen fühlten, vermittelt die Erfahrung des heilwollenden und heilschaffenden Gottes. In seiner Praxis war die Barmherzigkeit Gottes konkret und seine Güte gegenwärtig (Lk 6,36; Mt 5,48). Und gerade weil darin auch das Alltägliche einbezogen wurde, wie etwa das gemeinsame Essen, konnte diese Nähe Gottes als lebendige und daher auch lebbare in der Gemeinschaft mit Jesus Teil der vorbefindlichen Wirklichkeit werden. Es kann kein Zweifel daran bestehen, daß auch zur vorösterlichen Geschichte Jesu diese Mittlerschaft bereits hinzugehörte.
Wohlgemerkt geht es hier nicht darum, andere Menschen, die nicht die Botschaft Jesu annahmen, religiös abzuqualifizieren und ihnen religiösen Ernst abzusprechen, oder zu bestreiten, daß für viele der Weg des Gesetzes auch Nähe zu Gott bedeutete, oder gar mit der historisch nicht überprüfbaren Behauptung der Einzigartigkeit zu operieren. Diese Argumentation führt zwangsläufig zu einer religiösen Leistungsspirale oder gar zu einer Leistungsschau.
Das Besondere der Praxis in Wort und Tat Jesu ist die Vergegenwärtigung dessen, was er verkündet. Es ist das Reich Gottes, das in eben dieser Praxis Raum greift in der Wirklichkeit dieser Welt, in ihren Sorgen, Ängsten und Nöten. Diese Wirklichkeit wird durchbrochen, indem in sie hinein das Reich Gottes proklamiert wird. Sie kann, wenn sie als leidvolle erfahren wird, auch zerbrochen werden, da jetzt in Erwartung des Kommenden das Zukünftige bereits die Gegenwart bestimmt und das, was Anteil an der Realität hat, ganz neu bewertet wird. Und dieses Neue vollzieht sich eben dort, wo Begegnung mit Jesus stattfindet. Das Alltägliche trägt darin die Signatur des Besonderen.
Sehr schön kommt das Gemeinte in einer Notiz im Rahmen der Erzählung des Exorzismus in Gerasa (Mk 5,1–20) zum Ausdruck. Dieser Text, der wahrhaftig an spektakulären Zügen und komischen Elementen nicht arm ist, konstatiert auf einfachste Weise, daß der vormalig Besessene wieder ein Mensch geworden ist. Die Leute sehen bei Jesus den Mann »ordentlich gekleidet und wieder bei Verstand« (Mk 5,15). So einfach und schlicht ist die neue Wirklichkeit: ein Mensch ist bei Menschen. Er, der sich in Gräbern und Höhlen aufhielt, ist wieder befreit von den Dämonen ein Mensch, Herr seiner selbst.

Hier liegt eine Besonderheit, wenn nicht gar Kühnheit, der jesuanischen Praxis; er läßt keinerlei Zweifel daran, daß das Reich Gottes alleinig der Macht und dem Wollen Gottes vorbehalten ist, über das der Mensch keinerlei Verfügungsgewalt hat, aber dennoch ist die gegenwärtige Teilhabe an diesem Reich überall dort möglich, wo man sich auf die Verkündigung und den Verkündiger einläßt. Die Besonderheit der Botschaft ist eben auch ihre Einfachheit.
Jesu Auftreten ist ohne den Bezug auf die Menschen, denen er seine Botschaft brachte, so wenig denkbar wie ohne die radikale Hingabe Jesu an Gott. Indem Jesus mit Menschen oder Menschen mit ihm Gemeinschaft eingehen, erleben sie sich als Naheseiende in der hoffenden Vorwegnahme des Reiches Gottes. Das, was sie zu Nächsten macht, ist personal an Jesus gebunden, inhaltlich an das Reich Gottes. Es ist eine Beziehung, die nicht auf familiären, ökonomischen oder sozialen Bedingungen als Verbindendem fußt, sondern auf dem Gemeinsamen, das aus der Botschaft erwächst und diese trennenden Aspekte überwindet. Jesus und diese Menschen, Jünger, Freunde, Gastgeber, die Frauen, die ihn begleiten und unterstützen, leben eine Gemeinschaft von Nächsten, die sich letztendlich in Gott gründet, weil sie hier den konstitutiven Bezugspunkt hat. Einer weiteren Begründung bedarf sie nicht.

1.3 Jesus als Feind

Die Vorstellung, daß Jesus von anderen Menschen als Feind angesehen wurde, mag ungewohnt sein. Gleichwohl gehört sie in die Frage nach der Wirklichkeit des Lebens Jesu. Daß Jesus ohne Zweifel von Zeitgenossen als Feind wahrgenommen wurde, ist allerdings durch den Tod am Kreuz fraglos.
Er starb den Tod, der für aufständische Sklaven und aufrührerische Provinzbewohner festgesetzt war. Jesus von Nazaret starb mithin, weil Pontius Pilatus ihn als Feind des Imperium Romanum verurteilte. Wenn auch die historischen Hintergründe nicht mehr völlig geklärt werden können, wird man davon ausgehen, daß es hier ein politisches Zusammenspiel zwischen Teilen der Jerusalemer Tempelaristokratie und dem Statthalter gab, um sich Jesus von Nazaret zu entledigen.[3] Bei der Frage, welche Gründe die verschiedenen Beteiligten bewogen haben könnten, gegen Jesus vorzugehen, ist es angesichts der politischen Machtkonstellation in Jerusalem wenig sinnvoll, ausgehend von dem Urteil den Richtern zu unterstellen, sie hätten nach Kriterien geurteilt, die sich in der Praxis Jesu verobjektivieren lassen. Jesu Tod am Kreuz entspricht nicht seinem Handeln in Wort und Tat, ist also nicht aus seiner Praxis ableitbar, sondern ist die Folge der verzerrten Wahrnehmung der Mächtigen, die ihn offensichtlich als Bedrohung ihres fragilen Machtkonstruktes betrachteten. Die Vermutung, die Vertreter der Priesteraristokratie oder gar Pontius Pilatus hätten sich ernsthaft bemüht, Jesu Anliegen zu verstehen, ist historisch kaum glaubhaft zu machen. Das, was an Quellen über diese Mächtigen existiert, läßt eher auf eine skrupellose Machtpolitik denn auf ein tiefgehendes Rechtsempfinden schließen.

Die älteste Darstellung des Verhörs vor dem Hohen Rat beim Evangelisten Markus zeigt nur allzu deutlich, daß er diese Nacht-und-Nebel-Aktion für eine allem Recht widersprechende Inszenierung hielt, in der sich die Ankläger selbst als blasphemisch entlarven; und wenn auch die Position des Pilatus zwiespältig bleibt, so ist die markinische Charakterisierung nicht so, daß man in dem Statthalter Roms einen Garanten des Rechts und der Sicherheit sehen kann. Jesus von Nazaret ist das Opfer der Macht geworden, näherhin Opfer derer, die um ihre Macht fürchteten.[4] Daß das Auftreten Jesu solche Ängste auslösen konnte, ist in den Zeiten politischer Spannung nicht überaus verwunderlich. Nach dem Bericht des Josephus wurde der Täufer nur aus dem Grund ermordet, weil er eine potentielle Gefahr darstellte. Er starb nicht wegen eines konkreten Vorwurfs; die im Hause des Herodes verbreitete Paranoia entwarf ihr eigenes zukünftiges Szenario als hinreichenden Grund.

Wenn man einen Anhaltspunkt für die Ängste der Mächtigen vor dem machtlosen Prediger aus Galiläa sucht, so ist unschwer auf die Reich-Gottes-Botschaft, die Basileiaverkündigung zu verweisen.[5] Mit der Aussage von der kommenden Gottesherrschaft sind zwei Aspekte verbunden, die eine politische Anknüpfung ermöglichen. Zunächst ist die Ansage des guten Wollens Gottes Kritik am Vorbefindlichen. Das, was sich jetzt unter den Menschen ereignet, ist nicht das, was von Gott zu erhoffen ist. Jesus bestreitet mit seiner Botschaft, daß man sich mit dem, was ist, abzufinden hat. Das, was ist, wird von Gott umgestürzt werden, weil es nicht seinem Wollen entspricht. Aber eben darin ist der zweite Aspekt gegeben: Das Reich Gottes wird Bestehendes nicht so belassen, wie es ist. Damit ist auch die Endlichkeit jeder menschlichen Macht benannt, konkret auch die der Macht des römischen Imperiums. Ob nun bewußt oder unbewußt – wir wissen wenig von der Wahrnehmung der römischen Macht durch Jesus –, traf diese Äußerung in das Zentrum der römischen Staatsideologie. Rom war danach nicht ewig zur Herrin über den Weltkreis gesetzt, nicht auf ewig erwählt, allüberall das zu errichten, was mit Pax Romana umschrieben wurde. Diese Implikationen genügten offensichtlich, Jesus ans Kreuz zu bringen. Die Kreuzesinschrift mit der Angabe des »Verbrechens«, König der Juden, belegt diesen Grund und zeugt zugleich von der Ignoranz der Macht gegenüber Jesus; denn daß einer ein kommendes Königreich verkündet, nicht aber sich selbst als kommenden König, diese Vorstellung hatte keinen Platz in der Struktur der Macht, die nur in den eigenen Bezügen von Machtverlust und Machtgewinn zu denken vermag.

Die Paradoxie des Kreuzestodes Jesu beruht historisch darauf, daß Jesus sterben mußte, weil er machtlos war und wohl auch sein wollte; er setzte auf die Macht Gottes. Er starb, weil er die Macht der Gewalthaber als begrenzte und endliche in Frage stellte und damit in den Augen derer, die ihn zu Tode brachten, sich als Feind ihrer Macht erwies, da die Botschaft vom Reiche Gottes die Macht jeglicher Legitimation beraubte.

Die Infragestellung von Macht und Machtgebrauch kommt in der jesuani-

schen Überlieferung aber auch gerade da zum Tragen, wo man sie gesellschaftlich und zwischenmenschlich als legitim wähnt, um seine gefährdeten Interessen zu wahren, nämlich in der Beziehung zum menschlichen Gegenüber, das sich als Feind erweist.
Die Worte über die Feindschaft lassen trotz aller traditionsgeschichtlichen Modifizierung deutlich erkennen[6], daß Jesus als Reaktion auf erfahrene Feindschaft eine Durchbrechung des Systems verlangt, nach dem eine Feindschaft durch Abwehr als Gegenreaktion neue erzeugt. Die Beispiele sind aus der Erfahrungswelt der Zuhörer Jesu gewählt, konnten aber auch leicht transportiert werden in die der Leser der Evangelien. So geht es in Lk 6,29; Mt 5,40 um einen Pfändungsprozeß, in dem der Beklagte offensichtlich so bedürftig ist, daß ihm lebensnotwendige Kleidungsstücke weggenommen werden sollen. Da ein Mantel im Wert einem Jahreslohn entsprach, konnte er zwar Ansprüche abdecken, aber eine Wegnahme bedeutete, daß man nun den Unbilden der Witterung völlig ausgesetzt war, zumal der Mantel in ärmeren Haushalten auch als Decke in der Nacht diente. In dieser Situation fordert Jesus dazu auf, auch noch das Letzte, was einem bleibt, wegzugeben. Man kann diese Zumutung nicht damit auflösen, daß man in diesem Wort eine Beschwichtigungsstrategie meint finden zu können, mit der der Kläger durch diese Haltung zur Einsicht gebracht werden sollte. Doch davon findet sich hier nichts. Das Wort Jesu verlangt von dem Beklagten einen völligen Rechtsverzicht; selbst das, was ihm nach Recht und Brauch zusteht, soll er noch obendrein abgeben. Mt 5,41 bringt ein Beispiel, das wohl aus den Gegebenheiten eines besetzten Landes stammt. Diejenigen, die auffordern, eine Meile mitzugehen, sind Soldaten der römischen Armee, die Begleitung verlangen, sei es als Führer, sei es als Träger. Auch hier soll der Aufgeforderte mehr tun, als von ihm verlangt wird. Die Zumutung dieses Beispieles kann man sich wohl nur klar machen, wenn man an die damit verbundenen Gefährdungen denkt, und zwar nicht nur von seiten der Soldateska, sondern auch von den eigenen Landsleuten, die darin einen Akt der Kollaboration sehen konnten. Das Negative wird durch Rechtsverzicht überboten, um Feindschaft zu überwinden. Daß diese Überwindung aber nicht nur eine habituelle, taktische ist, wird klar an der Aufforderung, für die Feinde zu beten (Lk 6,27–28; Mt 5,44). Der bedrängte, angefeindete Mensch soll seine Sorge im Gebet vor Gott seinen Feinden, die ihn existentiell bedrohen, gelten lassen. Nicht ein Gebet gegen die Feinde oder eines mit der Bitte um Schutz vor den Feinden soll er vor Gott tragen, sondern zum Wohle der Feinde soll er sprechen. Wie viele Worte Jesu, haben auch diese in den Läufen der Zeit nichts von ihrer Zumutung verloren. Es ist nicht der Schrei nach Rettung, nicht die Klage um erlittenes Unrecht, nicht der allzu verständliche Ruf nach Vergeltung, wie sie aus den Psalmen bekannt sind, sondern das Bittgebet für den Feind, das von Jesus eingefordert wird. Die Schwere des Verlangten wird durch die Begründung nicht gemildert; vielmehr erschließt sich aus ihr, nämlich Gott nachzuahmen, erst das ganze Gewicht. Der Mensch, der Gottes Barmherzigkeit ohne Nicht-

achtung der Person erlebt, kann, sich daran orientierend, die Feindschaft überwinden; im konkreten Leben ahmt er so Gott nach und vermittelt damit gleichsam ein Stück der Wirklichkeit Gottes. Dennoch setzt ein Sicheinlassen auf Jesu Worte insbesondere in diesem Fall voraus, daß die Sicht Jesu geteilt wird. Denn weder die matthäische Argumentationsfigur, nach der sich Gottes umfassende Güte an der Schöpfungswirklichkeit ablesen läßt, noch die dezidierte Aussage des Lukas über die Güte Gottes gegen Undankbare und Böse, können in sich als beweiskräftig angesehen werden.[7] Letztendlich verlangt Jesus, sich Gott als den vorzustellen, der auf sein Recht verzichtet, indem er sich den Bösen nicht als strafender Gott, sondern als gütiger erweist. In dieser Beschreibung ist ein Grundgedanke angelegt, der in der Folgegeschichte zur Entfaltung drängt. Der Mensch, der von Gott Güte und Barmherzigkeit erfährt, ist damit nicht nach dem Tun-Ergehen-Zusammenhang als Gerechter oder Guter identifiziert, sondern er wird dessen teilhaftig, das auch der Böse erfährt. Die Barmherzigkeit Gottes ist, weil sie Geschenk ist, nicht ein Zukommendes, auf das der Mensch Anspruch hat, sondern sie wird ihm zuteil, weil Gott so ist, wie er sich in seiner Güte gegen alle Menschen erweist. Wer so von Gott sprechen kann, der vermag auch die Entfeindung zu leben, die ihren letzten Grund in der von Gott geschenkten Wirklichkeit hat.
Freilich könnte man, wie es ja auch in den Jahrhunderten geschehen ist, diese Vorstellung als weltfremd bezeichnen, weil sie die vielen damit verbundenen Komplikationen nicht bedenkt. Dafür ist sie aber nach Jesus Gott nah, dem die Welt sich fremd gemacht hat, und von ihm, nicht von der Welt, gewinnt er seinen Maßstab und die Hoffnung seines Handelns. Ob diejenigen, die Jesus zu Tode brachten, je von seiner Infragestellung des Systems der Feindschaft etwas erfahren haben, kann man nicht wissen. Daß Jesus Opfer ihrer Feindschaft wurde, bedeutet nicht, daß seine Infragestellung und ihre Provokation nicht weiterhin in Gültigkeit blieben. Daß die Erfahrung des gegen alle Menschen barmherzigen Gottes eine Entsprechung bei denen verlangt, die diesem Gott glauben, diese jesuanische Forderung ist geblieben, und sei es als Stachel im Fleisch.

1.4 Jesus als Fremder

Daß die nachösterlichen Autoren der Evangelien die Würde des erhöhten Herrn bereits in seinem irdischen Leben voraussetzten, ist theologisch und literarisch nachvollziehbar. Man kann bei diesem Vorgehen von einer rückwirkenden Kontinuität sprechen, die im Leben Jesu bereits das als vorausgegeben annimmt, was ihm im Glauben mit Gewißheit zugesprochen wird. Die Macht und Teilhabe an der göttlichen Autorität wird als aufbrechende, der österlichen Offenbarung harrende in der Praxis des irdischen Jesus wahrgenommen und dann narrativ vermittelt. Ein Vergleich mit apokryphen Evangelien und Kindheitsgeschichten läßt das Urteil zu, daß die kanonischen Evangelien hierin noch zurückhaltend sind, da sie die Machterweise in ihre Erzählung und ihr theologisches Konzept integrieren. Diese Zuschreibung einer von Gott an Jesus verliehenen Macht führt im Rahmen der Erzählung zu einer Jesus eigenen Fremdheit, die ihn von anderen scheidet. Es handelt sich hierbei um eine letztgültige Fremdheit, die die Praxis Jesu und seine Person selber transzendiert. Das Handeln Jesu ist grenzüberschreitend, weil es von sich auf Gott verweist, der sich durch seinen Sohn als der ferne und nahe Gott erweist. Indem Jesus durch seine Botschaft Gott nahe bringt, entfernt er sich selber, da ihm das nur möglich ist als einem, der dem Raum Gottes ganz zugehörig ist. Der Evangelist Markus hat sich nicht gescheut, diese Entfremdung im Jüngerkreis Jesu als vorherrschend zu behaupten. Die Jünger haben ein partielles Verstehen, das aber durch ihre Bindung an das Irdische, Menschliche nicht zu seiner Fülle gelangen kann. Markus kann zur Darstellung solcher Szenen zum Mittel der Ironisierung greifen. So bleiben die Jünger mit ihrer ungehörigen Gegenfrage nach der Heilung der Blutflüssigen ganz in ihrem menschlichen Denken verhaftet (Mk 5,30–31) und ihre Unwissenheit hat, nachdem sie Zeugen der Wunderspeisungen geworden waren, schon etwas von einer tragischen Komik. Fällt ihnen doch zur Mahnpredigt Jesu über den Sauerteig der Pharisäer nur das ein, daß sie schon wieder Brot vergessen haben (Mk 8,14–21). Die Frage Jesu, wie lange er noch bei dem ungläubigen Geschlecht ausharren und es ertragen müsse (Mk 9,19), ist nicht der Seufzer eines angestrengten Menschen, sondern die Frage des auf Erden weilenden Gottessohnes angesichts des Unverständnisses der Menschen. Das theologische und erzählerische Motiv von der Fremdheit Jesu wird auf je verschiedene Art bei den Evangelisten gestaltet; in herausragender Form begegnet es bei Johannes.

Allerdings ist mit der Feststellung eines theologischen Motivs die Frage nach dem Anhalt beim historischen Jesus weder beantwortet noch erledigt. Daß Jesus als Fremder erlebt wurde, daß ihm eine distanzierende Fremdheit eignete, die dabei mit seiner Offenheit für alle vereinbar war, ist mehr als wahrscheinlich. Hier müssen nur die Eckdaten genannt werden: die offensichtlich konfliktträchtige Trennung aus dem Familienverband, das unstete Leben ohne eine familiäre und soziale Absicherung, der Umgang mit verschiedensten sozialen und religiösen Gruppen unterschiedlichster Wertesysteme, die Durchbrechung eines Erwartungsverhaltens, das wiederum in den sozialen und religiösen mitmenschlichen Bereich hineinreichte, die politischen Gefährdungen und religiösen Infragestellungen und schlechterdings eben auch seine zentrale Botschaft vom Reich Gottes, die ihn quer zu dem Bestehenden auftreten ließ.

Jesu ganze Praxis beinhaltet Nähe und Ferne, Fremdes und Vertrautes zugleich.

So kann man davon ausgehen, daß der Gedanke der zur Durchsetzung drängenden Macht Gottes nicht völlig neu war, neu oder eben auch fremd war die Ausrichtung der Botschaft: Sie ist nicht Heilszusage für die Gerechten, sondern Heilsermöglichungsgrund für die Ungerechten. Auch wenn Jesus den Gerichtsgedanken nicht aufgegeben hat[8], so ist das Reich

Gottes nicht ein zu befürchtendes Geschehen, sondern eines, das auch der Sünder freudig erwarten kann, da er der Barmherzigkeit Gottes vertrauen darf. Die einzelnen Motive der jesuanischen Verkündigung sind zweifelsohne traditionell, und auch bestimmte Verhaltensmuster sind durch Traditionen der Propheten oder durch solche der Heiligen Männer[9] vertraut. Die Zusammenfügung all dieser Elemente in Wort und Tat jedoch macht die Besonderheit Jesu aus. Er entsprach Erwartungen offensichtlich nie deckungsgleich.

Als Beispiel sei auf seinen Kontakt mit Schriftgelehrten und Pharisäern verwiesen. Denn wenn auch feststeht, daß die uns vorliegenden Texte im Überlieferungsprozeß stark überarbeitet und mit einer negativen Akzentuierung versehen wurden – sie tragen den Gattungsnamen Streitgespräche –, so sind Disputationen zwischen Jesus und theologisch Interessierten gewiß keine nachösterliche Konstruktion. Daraus ist aber zu folgern, daß Jesus von diesen, seien es nun Pharisäer oder andere, ernst genommen wurde und seine Meinung gefragt war. Und obwohl ihm eine gewisse Lehrkompetenz zugetraut wurde, verhielt er sich nicht dem Muster eines Lehrers entsprechend. Weder hat er besondere Rücksicht auf aktuelle Debatten genommen noch der Tora oder dem Tempel die Bedeutung beigemessen, die ihnen im theologischen Streit der Zeit zugestanden wurde. Soweit es die Texte erkennen lassen, war Jesus nicht an Definitionen und Lösungen bestimmter Fragen gelegen, sondern an der Relevanz, die er ihnen gemessen am bevorstehenden Reich Gottes zuerkennen wollte. Die Praxis einer Gesetzesobservanz bedurfte notwendigerweise der Klärung auch spezieller Fragen; Jesus dagegen scheint an Spezialproblemen desinteressiert gewesen zu sein, da er das Halten der Gesetze als Folge eines Lebens in der Erwartung des Reiches Gottes ansah und zugleich davon ausging, daß die Praxis des alltäglichen Lebens und die Praxis der Gesetzestreue von größerer Deckungsgleichheit waren, als seine Gesprächspartner sehen konnten. Genau an dieser Schnittstelle konnte dann Fremdheit entstehen, da Jesus zwar nicht den Konsens hinsichtlich des Gesetzes aufkündigte, aber sich nicht den Sorgen um die rechte Befolgung anschließen konnte. Offensichtlich ist dann zu einem Zeitpunkt an die Stelle des Bemühens um Verständigung ein Abbruch der Kommunikation getreten. Dieser Entfremdungsprozeß vollzog sich höchstwahrscheinlich sukzessiv.

Von einer qualitativ anderen Fremdheit sind die Manifestationen der charismatischen Macht Jesu. Mit ihnen und mit Jesus als Wundertäter brach eine unverfügbare Wirklichkeit in das Leben hinein. Sie trugen sich als Ereignis zu, das von vornherein konfliktreich war, weil es nicht Gegenstand argumentativer Auseinandersetzung sein konnte, sondern im Moment des Geschehens eine Entscheidung einforderte, ob man Jesus diese Taten als Erweis seiner von Gott gegebenen Autorität zugestehen konnte oder nicht.

Dabei muß man sich von der historisch irrigen Vorstellung frei machen, die Menschen der Antike seien in besonderer Weise wundergläubig oder gar wundersüchtig gewesen oder es habe geradezu von Wundertätern gewimmelt. Im Rahmen des vorgegebenen Weltbildes hielten sie zwar das Eingreifen nicht menschlich bestimmbarer Mächte in die Realität für möglich, aber das heißt keineswegs, daß es nicht auch eine kritische Reserve gegenüber Wundertätern gab; die Fraglichkeit der Herkunft des Geschehens wurde durchaus gesehen.

Das Problem des Ungewöhnlichen konnte rationalisiert werden, indem man es als unerklärlich ansah, als Zauberei oder (frommen) Betrug deutete oder überhaupt bestritt, daß sich Bemerkenswertes zugetragen habe.[10] Für diejenigen aber, die bereit waren, mehr darin zu sehen, konnte eine Wundertat Ausweis einer göttlichen Beauftragung sein, die der Handelnde besaß. Das Beglaubigungszeichen spielt in der Antike eine wichtige Rolle.

Im Judentum der Zeitenwende war die Haltung zu Wundern durchaus zwiespältig.[11] Daß es Wunder geben konnte, stand außer Zweifel, da Wundererzählungen zur Tradition gehörten. Hier aber hatten sie auch ihren Ort; sie gehörten einer Vergangenheit an, an die man sich erinnerte und deren eschatologische Wiederkehr man erhoffte. Die Gegenwart wurde jedoch nicht als Raum von Menschen gewirkter Wunder gesehen. Daß Gott wunderbar handelte, war Glaubensgut, daß er Menschen damit beauftragte, zwar keine völlig unmögliche, aber gleichwohl unerwartete Gegenwart des Göttlichen.

Zwischen der Reich-Gottes-Verkündigung Jesu und seinen Machterweisen besteht eine gegenseitige Bedingtheit und ein enger Interpretationszusammenhang. Die Wundertaten, wie Krankenheilungen und Dämonenaustreibungen, stehen nicht isoliert für sich, sondern verweisen im Geschehen auf das Wie des Reiches Gottes, das Heil und Heilung bedeutet. Sie sind ausweislich der Überlieferung eschatologische Taten, da sie vorwegnehmend Erfahrung des Kommenden ermöglichen. Zugleich erhebt sich in ihnen ein Wahrheitsanspruch, der nicht auf das Wunder oder den Wundertäter beschränkt ist, sondern zentral seine Botschaft umfaßt. Die Wundertaten fordern zur Entscheidung heraus, wie man sich zu Jesu ganzer Praxis verhält. Daß es darüber einen Konflikt geben konnte, hat die neutestamentliche Überlieferung aufbewahrt. Jesus selbst wird verdächtigt, von einem Dämon besessen zu sein und seine Exorzismen im Auftrag des Satans selbst zu vollbringen (Mk 3,23–30). Ob die Argumentation Jesu geeignet gewesen wäre, die Kritiker vom Gegenteil zu überzeugen, sei dahingestellt[12], aber der Vorwurf belegt recht deutlich, daß es den Wundertaten an Eindeutigkeit mangelte. Sie können negativ interpretiert werden, wobei die Aussage daran erinnert, daß das Wunder sich in einem Grenzbereich ereignet, der menschlichem Zugang versperrt ist. Das Heilen von Kranken und insbesondere die Austreibung der Dämonen lassen den Wundertäter in eben diesen tabuisierten Bereich vordringen. Damit ist er selbst dem rein menschlichen Vermögen entrückt, weil er nur im Raum der sich manifestierten Macht des Bösen tätig werden kann. Damit ist zwingend eine Nähe zum Bösen hergestellt. Wenn Jesus den Menschen Heil und Heilung bringen will, muß er diese Grenze überschreiten. Die Macht, Wunder zu wirken, und der Ort der

Wunder stellen eine Fremdheit her, die nur durch das Vertrauen, daß Jesus von Gott zu diesem Handeln beauftragt ist, zu überwinden ist. Wo sich diese Sicht nicht einstellt, bleibt die Fremdheit und wird durch jede neue Handlung verfestigt. Die gesamte Praxis Jesu hat ihn zum Außenseiter werden lassen, dessen man sich entledigte durch den Tod am Kreuz.

1.5 Zusammenfassung

Historisch und theologisch ist die Fremdheit Jesu nirgendwo so offensichtlich wie in seinem einsamen, fürchterlichen Sterben am Kreuz. Diese Fremdheit kann nur im Glauben Jesu an den barmherzigen Gott bestanden und ausgehalten werden. Genau dieses Vermögen hatten diejenigen, die sich durch die Ostergeschehnisse in ihrem Vertrauen auf Jesus und Gott bestärkt erfuhren, so daß die Einsicht des Glaubens sie lehrte, die irdische Geschichte Jesu neu zu verstehen und zu interpretieren. Daß das Tun Jesu nachösterlich eine andere Dimension bekam, ist einsichtig. Es hatte nicht zuletzt deswegen Vorbildcharakter für ein Leben vor Gott, weil Gott Jesus und sein Handeln in der Auferweckung unabweislich bestätigt hatte. Wenn mit guten Gründen anzunehmen ist, daß sich die frühen messianischen Juden bemühten, ihr Handeln an Jesus auszurichten, so ist gleichwohl daran zu erinnern, daß eine Nachahmung keine völlige Übereinstimmung bedeuten kann. Denn es gab Aspekte in der Praxis Jesu, die offensichtlich ursächlich mit seiner charismatischen Fähigkeit zusammenhingen. Dazu gehört insbesondere seine Unbeschwertheit, mit Sündern und Außenseitern umzugehen. Eine spätere kirchliche Ab- und Ausgrenzung etwa, die aus verständlichen situativen Gründen erfolgte, war ihm völlig fremd. Freilich kann Nachahmung keine Gleichförmigkeit bedeuten, da die je verschiedenen Situationen wiederum nicht ohne Wirkung auf die Gemeinden bleiben konnten. Daß es aber sehr wohl Entsprechungen zwischen Jesus und den an ihn Glaubenden gibt, wird zu zeigen sein.

2. Die großen Worte – Zwei Beispiele aus der Jesusüberlieferung

2.1 Einleitung

Wer immer die Bibel zur Hand nimmt, tritt damit in einen Rezeptionsprozeß ein, der seit der Abfassung anhält und sich unter den je neuen Bedingungen der Zeit, des Ortes und der kulturellen, ökonomischen, politischen und religiösen Bedingungen des Lesenden vollzieht. Trotz der verschiedenen Bedingungen hat der Lesende an traditionellen Vorgaben des Verstehens teil, die ihm durch die kirchliche Gemeinschaft vermittelt werden, in der der Akt des Lesens und des Hörens sich vollzieht. Freilich sind aber auch Interpretationsmodelle bzw. ihre Tradierung von historischen Prozessen abhängig. So hat die Gleichnisauslegung seit dem 19. Jahrhundert einen bedeutsamen

Wandel durchgemacht, indem sich die Fragestellung und die Methode geändert haben. Die oft zu Unrecht gescholtene allegorisierende Auslegung konnte auch deswegen nicht weiter praktiziert werden, weil sie ein breit entfaltetes metaphorisches Denken und eine sehr gründliche Kenntnis der gesamten Schrift fordert. Jedem Wiederbelebungsversuch eignet wegen der kulturellen Veränderungen das Zeichen der Vergeblichkeit, ganz davon abgesehen, daß eine Methode, die sich jeder Kontrolle entzieht, nicht kommunikationsfähig ist. Da Verstehen und Verständnis dem Wandel unterworfen sind, wird man sich stets vergegenwärtigen müssen, daß die je aktuelle Interpretation keineswegs die einzige ist, die für sich Gültigkeit beanspruchen kann. Die Auslegungsgeschichte der Bibel ist voller Überraschungen, und was man vor allem aus ihr lernen kann, ist Demut vor dem Bemühen der vergangenen Generationen, das Wort Gottes zu verstehen. Gerade bei aktuellen Themen, wie etwa dem der Bewahrung der Schöpfung, der Benachteiligung und Ausgrenzung von Frauen, der Sexualmoral oder eben dem von Nächsten und Fremden ist es methodisch geboten, sich in kritischer Sympathie zu gegenwärtigen Modellen zu verhalten, um die historische Fragestellung nicht zu sehr von dem bestimmt sein zu lassen, was man erwartet.
Allerdings zeigt bereits die Auswahl der Texte, auf die hier näher eingegangen werden soll, daß sie von der Wichtigkeit beeinflußt ist, die den Texten zugesprochen wird.
Denn sowohl die Gleichniserzählung vom barmherzigen Samariter (Lk 10,29–30) wie auch die Erzählung vom großen Gericht (Mt 25,31–46) begegnen immer wieder dann, wenn es um die Frage nach einem rechten schriftgemäßen Verhalten im Umgang mit nahen und fernen Menschen geht. Wenn des weiteren gefragt wird, ob dieser Verwendungszusammenhang der ursprünglichen Aussageabsicht entspricht, so geschieht dieses Fragen aber ausdrücklich in der Anerkenntnis, daß Verstehen und Verständnis sich zu einem reicheren Erfassen des Textes hin entwickeln können.[13]

2.2 Das Gleichnis vom barmherzigen Samariter oder die richtige Frage (Lk 10,29–37)

Die nur im lukanischen Werk überlieferte Gleichniserzählung vom barmherzigen Samariter gehört zu einer größeren Erzählung über die Frage nach der Gewinnung des ewigen Lebens. Diese Erzählung ist dialogisch in der Art eines Lehrgesprächs aufgebaut. Hauptpersonen sind ein Schriftgelehrter und Jesus. Die Initiative zum Gespräch geht vom Schriftgelehrten aus, am Ende ist es Jesus, der ihn mit einer Handlungsanweisung entläßt. Die Frage des Schriftgelehrten ist die eines Schülers an einen Lehrer. Daß es sich um eine zentrale Frage der Lebensgestaltung angesichts des erhofften ewigen Lebens handelt, wird durch die Erläuterung, der Fragende habe Jesus prüfen wollen, nicht abgeschwächt. Es ist der Versuch, die Kompetenz des Befragten zu erfassen und ist im Schüler-Lehrer-Verhältnis nicht ungewöhnlich. Der Konsens hinsichtlich der Frage nach der Anleitung zum rechten Leben ist schnell hergestellt: Der Schriftgelehrte antwortet auf die jesuanische Frage nach dem Gesetz mit einem Mischzitat aus Dtn 6,5 und Lev 19,18, der Verknüpfung von Gottesliebe und Nächstenliebe.[14] Daß hier, im Gesetz, die Anweisung für die richtige Praxis zum ewigen Leben zu finden ist, wird von Jesus bestätigt. Zwischen beiden Gesprächspartnern ist auf der Grundlage der Tora Gemeinsamkeit und Nähe hergestellt. Allerdings geschieht nun eine weitere Entwicklung im Gespräch. Der Schriftgelehrte stellt, um sich zu rechtfertigen, erneut eine Frage. Auch hier fließen in die Darstellung des Lukas Elemente einer Lehrdebatte ein; der Fragende will den Nachweis erbringen, daß seine zuerst gestellte Frage doch schwieriger ist, als die Einmütigkeit der Antwort vermuten läßt. Dabei beinhaltet die Frage im Griechischen eine gewisse Doppeldeutigkeit; sie kann sowohl darauf zielen, wer der Nächste ist, wie auch, wer einem nahe ist. Wenn man beide Aspekte bewahren wollte, könnte man wiedergeben: »Wodurch weiß ich, wer mein Nächster ist, und wodurch wird sein Nächstersein konstituiert?« Diese Frage ist weder außertextlich, also in der Zeit der Entstehung des Textes, noch innertextlich belanglos. Denn mit ihrer Beantwortung hängt die Erfüllung des Willens Gottes zusammen und damit die Erlangung des ewigen Lebens. Die Sicherheit, mit der man weiß, wer Gott ist, wird ebenfalls im Hinblick auf den Nächsten angestrebt. In der Fragestellung entbirgt sich aber auch, daß der Nächste in einer Objektbeziehung gedacht ist. Überspitzt kann man formulieren, daß die Liebe zum Nächsten sich ihr Objekt sucht. Als Haltung ist sie gegenwärtig; sie bedarf des Nächsten, um Praxis zu werden. Hier setzt nun die Lehrerzählung an, die, obwohl sie recht einfach konstruiert ist – ein Hilfsbedürftiger erfährt Verweigerung der Hilfe und aktive Hilfe –, durch die auftretenden Personen zahlreiche Assoziationen freisetzt, die einerseits aus dem Verstehenshorizont der Erstleser abgeleitet, andererseits durch allegorisierende Interpretation erhoben werden können.

Es sei nur daran erinnert, daß für die meisten Väter der Spätantike der Text eine christologische Erzählung war, nach der der Mensch, Adam, der das Paradies, also Jerusalem, verlassen hat und unter die Gewalt der Dämonen und der Sünde fällt und erst durch Christus gerettet werden kann, der ihn der Kirche – auf sie verweist die Herberge – anvertraut. Die latent stets gegenwärtige antijüdische Haltung der altkirchlichen Autoren konnte sich bei der Nennung des Tempelpersonals entfalten; sie, die Diener des Kults des Alten Bundes, konnten und wollten dem sündigen Menschen keine Erlösung verschaffen.

Für die ersten Rezipienten dagegen mag das Verhalten von Priester und Levit aus deren Scheu vor Verunreinigung durch den vermeintlich Toten erklärbar gewesen sein; allerdings gab es auch den literarischen Topos der Kritik an Kultdienern, so daß die Unbarmherzigkeit in der Erzählung an ein gängiges Vorurteil anknüpfen könnte.

Doch bleiben solche textexternen Erklärungsmodelle unsicher und sind für ein Verstehen des Textes nicht notwendig.

Innerhalb der Texteinheit ist die Nennung derer, die am Tempel wirken, aus dem Grund von Wichtigkeit, weil ihnen zuzutrauen ist, daß sie die Gebote kennen, gleichwohl aber das Gebotene nicht tun. Hier ist ein kritischer Ton zu hören, nach dem die Kompetenz in Gesetzesfragen nicht allein entscheidend ist, sondern das Tun. Das Vorbeigehen von Priester und Levit am Hilfebedürftigen ist als Akt der Unbarmherzigkeit auch ein Vergehen gegen das Gebot Gottes. Als Gegentypus tritt dann der Bewohner Samarias auf, der nach einem Stereotyp der Polemik kaum für sich beanspruchen kann, Experte in Gesetzesfragen zu sein. In der gleichen Situation empfindet er jedoch Mitleid und bemüht sich intensiv um den Geschundenen, dem er alle Fürsorge angedeihen läßt.

Der Moment des Unerwarteten, der die Geschichte strukturiert, begegnet dann wiederum auch in der Frage Jesu, mit der die Ausgangsfrage des Schriftgelehrten vom Abstrakten zum Konkreten, vom Subjekt zum Objekt wechselt. Nächstenliebe ist nicht etwas, das man verteilen kann wie eine milde Gabe. Nächstenliebe existiert nicht als theoretische Größe, sondern ist auf den Erweis ihrer Existenz im Tun angewiesen. Erst hier tritt sie in die Wirklichkeit ein. Sie wird zur Tat, wenn die innere Haltung es ermöglicht, sich des anderen anzunehmen, weil sein Geschick einen selbst berührt und erbarmt. Doch ist sie nach der Lehrerzählung und der explikatorischen Frage kein Geschehen *am* anderen, sondern *mit* dem anderen, da er, obschon hilflos, darüber entscheidet, ob das Tun das eines Nächsten ist. Die gewünschte Sicherheit ist damit dahin, da jedes Handeln unter dem Vorbehalt des anderen steht. Dieser ist damit aus seiner objekthaften Situation heraus zum eigentlichen Subjekt geworden. Er bestimmt, ob das von ihm erfahrene Handeln für den, der ihm hilft, wirklich Handeln unter der Perspektive des ewigen Lebens ist. Die Entlassungsworte Jesu, der Schriftgelehrte solle ebenso handeln, ist Entlassung in ein Wagnis hinein. Weder kann er mit Gewißheit sagen, wer sein Nächster ist, noch wem er Nächster wird. Nächsterwerden und Tun der Nächstenliebe ereignen sich im Akt des Handelns. Hier ist der Ort der Erprobung, ob das Gebot wirklich verstanden, d.h. gelebt wird. Eine definitorische Eingrenzung des Nächstenbegriffs ist damit gänzlich unmöglich geworden; vielmehr findet hier eine Entgrenzung statt, da jeder jedem zum Nächsten werden kann.

Wie immer man sich die Entstehung der Erzählung denken mag[15], so bewahrt sie ohne Zweifel die Intention Jesu auf, die Praxis des Gesetzes vor die theoretische Erörterung zu stellen. Zugleich belegt sie sein Vertrauen darauf, daß der Mensch tatsächlich in der Lage ist, das gute Gebot Gottes zu erfüllen, und zwar indem er aus seinem Inneren heraus das als richtig Erkannte tut. Daß auch hier das tragende Moment die erfahrene Barmherzigkeit Gottes ist, ist vorauszusetzen. Darin hat die allegorisierende Auslegung etwas richtig gesehen: Die Heilung des Zerschlagenen verweist immer auch auf das Heil Gottes für seine Geschöpfe.

Daß die Handlungsmaxime, nämlich stets zur Hilfsbereitschaft willens zu sein, ohne die Würde des Hilfebedürftigen zu verletzen, nicht ganz einfach durchzuhalten ist, belegt die Rezeptionsgeschichte dieses Textes zur Genüge. Aber das spricht auf keinen Fall gegen die Anforderung des Textes, sondern zeigt vielmehr, daß sein kritisches Potential keineswegs abgegolten ist.

2.3 Das bekannte zukünftige Gericht oder die Frage nach den Brüdern (Mt 25,31–46)

Der Text, den der Evangelist Matthäus an das Ende seiner Redenkomposition gestellt hat, hat wie kaum ein anderer des Neuen Testaments die Funktion übernommen, als Beleg und Anweisung für ein humanes Handeln im mitmenschlichen Umgang zu dienen. In innerkirchlichen und außerkirchlichen Diskussionen etwa um die Asylfrage spielt er eine bedeutende Rolle. Auch wenn eine gründliche Untersuchung der neuzeitlichen Auslegungsgeschichte des Textes noch aussteht, wird man die Einschätzung wagen können, daß das seit der Aufklärung sich durchsetzende Interpretationsmodell, mit *geringsten Brüdern* seien alle notleidenden Menschen gemeint, mit zu einer Universalisierung der Nächstenliebe geführt hat, die in dieser Form weder die christliche Spätantike noch das Mittelalter als Handlungsmaxime kannte.[16] Die Identifikation des Richters Christus mit den Empfangenden der Werke der Barmherzigkeit gilt als eine Letztbegründung für solidarisches Handeln, das gleichsam zur Begegnung mit Jesus selbst wird. Die ganze Anlage des Textes hat dazu beigetragen, daß er von seiner Anziehungskraft nichts verloren hat, sondern weiterhin auf die Diskussion um schriftgemäßes ethisches Handeln einwirkt.[17]

Allerdings bleibt die Frage, ob dem Text nicht im Lauf der Rezeptionsgeschichte eine Bedeutungsbreite zugewachsen ist, die er in seiner Entstehungssituation nicht hatte und auch im Hinblick auf Autor und Erstrezipienten nicht haben konnte, da ihre Verstehensmöglichkeiten nicht mit denen der Neuzeit gleichzusetzen sind. Zu schnell wird übersehen, daß eine relativ kleine Gruppe zwar einen universellen Anspruch entfalten kann, ihr aber die Möglichkeiten zur universellen Wirksamkeit fehlen. Damit ist keine Entschärfung der Textaussage beabsichtigt, sondern es soll daran erinnert werden, daß die je neu erfahrene Begrenztheit der Wirkmöglichkeiten eben auch zu einem christlichen Leben hinzugehört.

Eine Besonderheit von Mt 25,31–46 liegt darin, daß das Geschehen in der Erzählung durch das Erzählen verunmöglicht wird. Das Endgericht kann nach diesem Text nicht mehr das enthüllen, was hier der Text bereits offenlegt.

Nach dem Lesen oder Hören des Textes ist das Kriterium, nach dem das Gericht ergeht, bereits bekannt. Wer zu den Hörern oder Lesern gehört, weiß um die Bedeutung der Werke der Barmherzigkeit und auch, wem sie geschehen. Er kann sich nicht von den Worten des Richters überrascht zeigen. Der Text wäre demnach falsch verstanden, wenn er als apokalyptisches Gerichtsszenario angesehen würde, gleichsam als ein vorweggenommenes Verlaufsprotokoll.

Seine Intention und Funktion ist im innergemeindlichen Kontext zu suchen. Dabei ist es zweifelsohne entscheidend, wie man das Wort von *den geringsten Brüdern* versteht. Da mit der Beantwortung dieser Frage jedoch die neuzeitliche universelle Auslegung verbunden ist, wird um die Antwort erbitterter gerungen, als es der Textbefund erwarten läßt. Denn unbestritten ist, daß *Bruder* im gesamten Evangelium »... als Synonym für den Glaubens-Bruder, d. h. für Gemeindemitglieder«[18] steht. Erst unter der Prämisse, der Text habe eine universelle Perspektive, stellt sich überhaupt die Frage, ob *Bruder* hier zu einem erweiterten Begriff wird, was Matthäus freilich nicht explizit andeutet. Wenn man als Maxime davon ausgeht, daß jede als historisch behauptete Interpretation eines Textes den Nachweis erbringen können muß, daß sie zumindest im Ansatz den Erstrezipienten nachvollziehbar gewesen wäre, wird man sich fragen müssen, wie und warum diese hier *Bruder* anders hätten verstehen können als im gesamten Text. Daß das Endgericht universal gedacht wird, ist kein hinreichender textlicher Grund für eine veränderte Interpretation.
Vom Text ist es das Nächstliegende, auch an dieser Stelle davon auszugehen, daß der matthäische Bedeutungsinhalt auch hier gilt: Das Kriterium des Gerichts über die Völker ist ihr Verhalten gegenüber denen, die als Boten des zukünftigen Richters zu ihnen kommen. Von Mt 25,31–46 spannt sich der Bogen zu Mt 28,16–20: der Aussendung der Jünger zu allen Völkern. Wenn die Boten Christi zu ihnen kommen, ist die Situation der Bewährung für sie da.
Nun wäre es wohlfeil, hier gleich wieder von Partikularethik oder Eigeninteressen zu sprechen, bevor man überhaupt den Text und seine Situation zur Kenntnis nimmt, ganz davon abgesehen, daß das Neue Testament von Menschen handelt und geschrieben wurde, die in Gefährdungen ihren Glauben leben mußten, und nicht von ethischen »Leistungsträgern«. Der Text spricht genau in diese Situation hinein, nämlich in die derer, die unter die Völker gehen. Ihnen wird durch die Erzählung vom Endgericht die eigene Bedeutsamkeit und die ihres von Christus empfangenen Auftrags zugesagt. Er hat unter den Vorzeichen des Gerichts universelle Bedeutung, und zwar nicht nur für sie, sondern noch viel mehr für die, die sie aufnehmen und annehmen oder es nicht tun.
Der Text vermittelt den Glaubenden Zuspruch: Sie sind nicht allein unter den Völkern; ihr Tun, ihre Erfahrungen sind nicht vergeblich und vergänglich, sondern von bleibender Gültigkeit gegenwärtig bis hin zum Ende, in dem sie durch den Richter zur Sprache gebracht werden. Hier wird ihnen die letztgültige Anerkennung zuteil. Zum Zuspruch tritt aber auch die zuversichtliche Hoffnung, daß ihr Wirken unter den Völkern Erfolg haben wird, daß sie das Mitsein Christi in ihrer Annahme durch die Völker erfahren.
Freilich ist bei dieser Interpretation der Blickwinkel geändert. Er geht von den *geringsten Brüdern* aus und der Frage, was ihnen geschieht. Danach stehen sie nicht nur im Zentrum der Erzählung, sondern auch der Textaussage.

Unverändert aber gilt, daß die Werke der Barmherzigkeit zu tun sind, wenn Not wahrgenommen wird. Sie sind nicht von irgendwelcher Beliebigkeit, sondern geschehen wie im Endgericht.

2.4 Nachgedanken

Führt eine Interpretation, die die historische Bedingtheit und Begrenztheit der ursprünglichen Textaussage aufweist, nicht zu einer Schwächung der gegenwärtig biblischen Begründung für ein soziales und solidarisches Handeln? Diese Frage kann sich, das sei zugestanden, durchaus einstellen.[19] Allerdings läßt sich unschwer die Gegenfrage stellen, ob dann nicht die Verwendbarkeit des Textes über seine Interpretation entscheidet. Die universelle Interpretation der großen Rede bei Matthäus hat im innerkirchlichen und außerkirchlichen Diskurs offensichtlich eine apologetische und eine paränetische Funktion. Einerseits kann man damit das Humanum der christlichen Tradition erweisen; das Bemühen um den anderen gehörte demnach zum Uranliegen des Christlichen. Andererseits mahnt diese Interpretation immer wieder aufs neue zu einem den Menschen zukommenden sorgenden barmherzigen Handeln. Gegen diese Funktion spricht die hier vorgelegte Skizze keineswegs. Denn die Vorstellung, daß ein Text ein über sich und seine Entstehungssituation hinausweisendes Bedeutungspotential hat, ist nicht nur eine hermeneutische Einsicht, sondern eben auch die Grundlage jeder Theologie, die den Gedanken der Tradition als Entfaltung des Wortes Gottes ernst nimmt. Eine kritische Anfrage ist aber anzumelden, wenn dieser Text autoritär eingesetzt wird, und zwar in dem Sinne, als ob die Konfrontation mit dem Wort Jesu jede weitere Argumentation überflüssig mache. Nimmt man dagegen die menschliche Begrenztheit ernst, so kann der Text Verweischarakter für das Tun haben; er erzwingt dann aber nicht Leistung, sondern nimmt auch den ernst, der oder die sich als hinter diesem Anspruch zurückbleibend erfährt. Es ist doch sehr wohl darüber nachzudenken, wie in einer sich globalisierenden Welt, in der es durch die modernen Kommunikationsmittel kaum noch Ferne gibt, eine grenzenlose Nächstenliebe so zu leben ist, daß sie nicht zum verzweifelten Scheitern an der Unmenge des Leids führt und damit schlußendlich zu einem Erlahmen aus dem Erleben der Vergeblichkeit. Gefragt sei doch auch, ob die Auskunft, man begegne im Nächsten Christus, nicht zu einer zu inflationären Wendung geworden ist. Diese Frage ist nicht nur deswegen zu stellen, weil sich wiederum Mißtrauen gegen eine zu autoritäre Argumentationsfigur regt, sondern auch, ob denn Nächstenliebe dann noch Liebe zum Nächsten ist, der doch in der Gefahr steht, religiös instrumentalisiert zu werden. Tritt hier dann nicht das religiöse Suchen an die Stelle der Barmherzigkeit? Eine andere Frage ist gewiß die, ob mit der Identifikation das Mysterium, das darin besteht, sich als Glaubender zu erkennen, nicht zu wenig in seiner Würde geachtet wird. Gewiß ist es aber, daß die letzte Begründung für Handeln für und am anderen im Angesicht Gottes eben dieser barmherzige Gott ist.

D. Heimisch in der Fremde – Zur Situation der frühen Gemeinden

1. Vorbemerkung

Daß es den frühen Christen zweifelsohne gelungen ist, sich in der Fremde mit der Fremde Nächste zu machen, ist abzulesen an dem sich ständig erweiternden Kreis von Gemeinden im ganzen Imperium Romanum.[1] In einer auch heute noch atemberaubend zu nennenden Geschwindigkeit vollzog sich die Entwicklung der frühen Gemeinden in dem Gebiet rund um das Mittelmeer. Zweifelsohne war für diese Entwicklung maßgeblich, daß es bereits jüdische Siedlungen in fast allen wichtigen Städten des Imperiums gab, maßgeblich beteiligt war das gute Organisationsnetz, das diese Gemeinden unterhielten.
Aber es war auch wichtig, daß sehr schnell sich christliche Gruppen bereitfanden, Missionare, Boten des Evangeliums, aufzunehmen und ihnen Gastfreundschaft zu gewähren. Die Fähigkeit zur Unstetigkeit, zur Heimatlosigkeit, war dem frühen Christentum durch Jesus von Nazaret vorgelebt worden. Theologisch wurde dieser Zustand bedacht und reflektiert im Rahmen der eschatologischen Erwartung, praktisch gelebt wurde sie sehr weltfest in der Organisationsform der Betreuung von Fremden, von Besuchern und von Menschen, die dem Evangelium nahe standen. Es gehört gewiß zu den Errungenschaften des frühen Christentums, in der Lage gewesen zu sein, sich für Außenstehende zu öffnen, sie aufzunehmen und ihnen einen Ort des Angenommenseins zu geben.
Daß aber diese neue Orientierung einherging mit dem Verlust des Vertrauten, auch unter Umständen der vertrauten Familienverbände, zeigt, wie notwendig wiederum eine Organisationsform war, die Probleme aufgreifen und beseitigen konnte, die durch den Anschluß an die Gemeinde entstanden waren. Man sollte dabei nicht übersehen, daß sich tatsächlich auch rechtliche Schwierigkeiten einstellten, die nicht zu gering einzuschätzen waren. Die Entwicklung hin zu einer Organisationsform war auch dem Umstand geschuldet, daß man den Mitgliedern gewisse Formen der Sicherheit gewähren mußte. Sprachlich drückt sich diese enge Beziehung der Gemeindemitglieder untereinander in der familiären Sprache aus. Ein Weiteres ist gewiß: daß die Gemeinden das Gefühl vermitteln mußten, daß sie das, was sie als Glauben empfangen hatten, auch tatsächlich lebten. Hier in diesem Wesenszug der frühen Gemeinden liegt sicherlich ein Schlüssel zu ihrer Glaubwürdigkeit und damit auch zu ihrer Verbreitung. Sie konnten Menschen eine religiöse und mitmenschliche Heimat bieten, eine religiöse oder mitmenschliche Institution, die das Gefühl von Gemeinschaft herstellte und gewährleistete. Es muß den frühen Christen über einen langen Zeitraum gelungen sein, trotz aller Gefährnisse in Lebenspraxis und Glaubens-

leben keinen unüberwindbaren Widerspruch zwischen Theorie und Praxis entstehen zu lassen. Hintergrund und letzter Grund ist ganz offensichtlich die theologisch gültig bleibende und prägende Erkenntnis, daß das Handeln Gottes an ihnen hinausstrahlen müßte über sie selbst hinaus in die Welt.

2. Die Fähigkeit zur Gemeinschaft

Gleichsam als Vorstufe und Vorübung auf die Begegnung mit verschiedenen Gruppen der Gesellschaft, Ethnien, Sozialstrukturen, auf die man im römischen Reich stoßen würde, kann der engere und weitere Kreis der Anhänger Jesu von Nazaret bereits gelten. Nach den neutestamentlichen Überlieferungen ist es offensichtlich so, daß die Jünger Jesu aus verschiedenen sozialen Gruppierungen Judäas, Galiläas kamen, wohl auch verschiedene religiöse Voraussetzungen hatten, die sich dann um Jesus als Zentrum strukturierten. Diese Vorübung der Gemeinde konnte sich halten, zunächst als engerer Kreis in der Zeit der Auferstehung. Wenn auch nicht davon auszugehen ist, daß alle Jüngerinnen und Jünger Jesu sich der nachösterlichen Gemeinschaft anschlossen, so ist doch mit Gewißheit davon auszugehen, daß es auch Kontinuität gab, die diese Lebensform weitertrug. Die Gemeinde war bereits im frühesten Stadium gezwungen, sich als integrationsfähig zu erweisen. So ist es offensichtlich, daß, durch die Ostereignisse veranlaßt, auch Mitglieder der Familie Jesu zur Gemeinde stießen und dort teilweise wichtige Positionen wahrnahmen. Bedenkt man, daß zu den Lebzeiten Jesu offensichtlich deutliche Spannungen zwischen seiner Familie und ihm bestanden haben müssen, so ist an dieser Entwicklung abzulesen, daß es offensichtlich in der frühsten Gemeinde möglich war, Konflikte solcher Art zu überwinden.
Ein entschiedener Schnitt oder auch Schritt in der Entwicklung der Jerusalemer Urgemeinde war der Übertritt von Gemeindemitgliedern, die bisher den hellenistischen Synagogen verbunden waren. Es steht außer Zweifel, daß sich hier Menschen verschiedener kultureller Sozialisation begegneten, die gewiß den Glauben Israels gemeinsam hatten und dann auch den Glauben, daß Gott seinen Messias nicht im Tod gelassen hatte, dennoch sind die Unterschiedlichkeiten auch nicht zu übersehen. In der Apostelgeschichte berichtet Lukas von einem Konflikt, der zunächst einmal darin entsteht, daß die ökonomische Versorgung der verschiedenen Gemeindegruppen nicht funktioniert. Dahinter verbirgt sich mit einiger Gewißheit aber auch ein Konflikt der kulturell-religiösen Integration. Es ist gewiß auch davon auszugehen, daß die Gemeinde, die sich aus dem engsten Jesuskreis zusammensetzte, damit umgehen mußte, jetzt geistgewirkte Interpretationen des Jesusereignisses von Menschen anzunehmen, die nicht Augenzeugen gewesen waren. So schwierig gerade die Rekonstruktion der frühesten Phase der Gemeinden in Jerusalem und in Galiläa bleibt, so gewiß ist doch, daß gerade von den hellenistischen Juden ein starker Theologisierungsprozeß

der Jesusüberlieferung ausgegangen ist. Die früheste Überlieferung zeigt noch deutliche Spuren einer Interpretation, die sich zum Teil aus typischen diasporatheologischen Formeln speiste.
Man darf die zwischenmenschliche Dimension dieses Prozesses nicht geringschätzen. Die frühe, nennen wir sie ursprüngliche Jesusgruppe mußte erleben, daß Menschen, die in keiner personalen Bindung zu Jesus von Nazaret gestanden hatten, in der Lage und dazu beglaubigt durch den Geist, durch das Pneuma, waren, eine Interpretation des jesuanischen Tuns und Sagens vorzulegen, das wiederum für sie selbst schlüssig wurde. Die Leistung, dieses zu akzeptieren, sollte auch wiederum nicht gering veranschlagt werden. Es war offensichtlich dem Jüngerkreis um Petrus möglich, eine neue Interpretation auch dann zu akzeptieren, wenn sie mit ihrer sprachlich-theologischen Kompetenz nicht einfach übereinstimmte. Es ist festzuhalten, daß es offensichtlich eine Konsensfähigkeit zwischen beiden Gruppen gab, die zunächst einmal weder aufgrund der sprachlichen noch der kulturellen oder auch religiösen Differenzen zu erwarten gewesen wäre. Der Text der Apostelgeschichte gibt jedoch nicht das her, was die Exegese des 19. Jahrhunderts dort lesen wollte, nämlich eine frühe Kirchenspaltung in Jerusalem. Dafür gibt es weder einen Beleg noch ein Indiz in den Texten. Was allerdings die Texte deutlich machen, ist, daß es auch eine relative Selbständigkeit der Gruppen untereinander gab, daß aber diese Selbständigkeit nicht zu einem Gegeneinander führte, sondern zu einem Miteinander. Die frühe Gemeinde bewies in der Phase ihres Werdens, und zwar ihres wirklichen anfänglichen Werdens, tatsächlich bereits das, was sie dann in den Städten des Imperium Romanum je neu wieder lernen und durchexerzieren mußte, nämlich die Fähigkeit, andere mit anderen Gedanken aufzunehmen, und zwar einfach auf das Kriterium hin, daß auch diese an Jesus als den Christus glaubten und das Pneuma empfangen hatten. Eine weitere Zäsur war ohne Zweifel die Annahme von Menschen aus den Völkern. Diese Entscheidung, auch sogenannte Heiden zu taufen, ist, wie man im Nachhinein weiß, von einer epochalen weltgeschichtlichen Bedeutung. Ohne die Entscheidung, Heiden aufzunehmen in die Gemeinschaft Jesu, wäre die Ausbreitung des Christentums und die Entwicklung hin zu einer eigenen Religion undenkbar gewesen. Gewiß handelt es sich bei diesen Heiden primär zunächst um Menschen, die bereits durch die Schule der Synagoge gegangen waren. Sie standen den Überlieferungen Israels nahe, sie werden elementare Kenntnis in der Bibel gehabt haben, so daß bestimmte theologische Grundvoraussetzungen gegeben waren. Allerdings gilt auch, daß es die Situation gab, daß es offensichtlich Menschen drängte, die Taufe zu empfangen, deren Grundvoraussetzungen nicht einmal das umfaßten.
Paulus berichtet als Voraussetzung der Annahme des Glaubens an Jesus von Nazaret als den Sohn Gottes, daß man sich zunächst einmal überhaupt zu dem einen wahren Gott hinwenden mußte (1 Thess 1,9–10). Es fand gleichsam eine zweifache Mission statt: die eine, die darin bestand, die Grundzüge der Tradition Israels zu überliefern, die andere, die Explikation dieser Theo-

logie durch die Geschichte Jesu. Daß es hier auch zu Verwerfungen, Konflikten und Enttäuschungen kam, belegen die paulinischen Briefe zur Genüge. Gleichwohl gilt aber, daß das Erleben dieser Gemeinschaft verschiedener Herkünfte nur gedeutet werden konnte als Geschenk Gottes. Die theologische Deutung ist für die Fähigkeit der Integration wiederum nicht zu unterschätzen. Die Feststellung, daß auch Menschen aus den Völkern das Pneuma Gottes empfangen konnten, galt als Ausweis dafür, daß Gott dieses wirklich wollte, nämlich die Rettung der Heidenvölker durch das Evangelium Jesu Christi. Die Praxis der Heidenmission ging gewiß einer Theorie der Heidenmission voran. Daß dies wiederum nicht ohne Schmerzen sich vollzog, dessen darf man gewiß sein. Im Galaterbrief des Paulus, der für das zu verhandelnde Thema überhaupt eine wichtige Fundstelle ist, wird von einem Konflikt in Antiochien berichtet, der erst dadurch aufbrach, daß eine Praxis in der Gemeinde von Außenstehenden als problematisch gedeutet wurde. Ganz offensichtlich hatte man in Antiochien sich ohne größere Konflikte und ohne größere Gedanken zu einer Tischgemeinschaft zwischen denen aus den Völkern und denen aus dem Judentum zusammengefunden. Dies konnte aus vielerlei Gründen für Menschen, die eine strenge Toraobservanz vertraten – auch die gab es also im Umfeld der Jesusgruppe –, als anstößig erscheinen.

Die Frage der Verunreinigung war dabei sicherlich von Bedeutung. Bei dem Konflikt Antiochiens steht im Hintergrund, daß das nichtkoschere Essen derer aus den Völkern die Unreinheit auch auf andere Speisen übertrug, so daß die Mahlgemeinschaft in Gefahr stand, für die aus den Juden ein theologisches Problem zu werden. Offensichtlich haben es so die Leute um Jakobus gesehen, die Einspruch erhoben. Sie haben mit dieser Sicht sich durchsetzen können, während Paulus in diesem Problem viel mehr sieht, nämlich die Aufkündigung der Mahlgemeinschaft als Infragestellung des Grenzen überwindenden Heilshandelns Gottes in Jesus. Es spricht vieles dafür, daß Paulus in Antiochien die Position der Minderheit ergriffen hat, daß also die aus den Völkern nicht nur zahlenmäßig, sondern auch ihrem Einfluß nach tatsächlich eine Minderheit darstellten und daß diese Minderheit und damit die Einheit der Gemeinde von ihm geschützt werden sollte. In Antiochien ist ihm das nach dem Zeugnis des Galaterbriefes nicht gelungen (Gal 2). Gleichwohl wird dieses zu einer Maxime seiner Mission, nämlich der Verzicht auf religiös bedingte Lebensvorstellungen und Lebensnormen, wenn sie die neue Gemeinschaft an ihrer Entfaltung hinderten. Der Verzicht auf bestimmte vorgängige religiöse Vorstellungen war, so darf man Paulus bereits verstehen, das Signum und der Erweis einer neuen Gemeinschaft. Die Konstituierung derer, die an Jesus glaubten, konnte nicht durch bestimmte Vorschriften behindert werden. So sehr ins Auge springt, daß Paulus diesen Verzicht meist von denen aus dem Judentum verlangte, so sehr muß man allerdings auch berücksichtigen, daß Paulus selbstredend auch von ehemaligen Heiden erwartete, daß sie ihr Leben grundsätzlich änderten. Auch dieses sollte man nicht gering veranschlagen.

Paulus erwartet zum Beispiel von ehemaligen Heiden eine Übernahme der im Judentum begründeten Ehe- und Sexualmoral.
Die Annäherung verschiedener Gruppierungen durch Verzicht ist für das Zusammenwachsen der Gemeinden wiederum eine Bestärkung. Die Erfahrung der Grenzüberschreitung in sozialem und religiösem Leben spiegelte eine neue Wirklichkeit wider, die dem Evangelium selbst geschuldet war. Die Annahme des Evangeliums und die neue Gemeinschaft bestätigten die Verheißung des Evangeliums selbst. Der Gedanke der Antizipation des von Gott Angekündigten vollzog sich bereits in den Gemeinden. Die fremdüberschreitenden Gemeinden sind so Orte der lebendigen Verifikation des Geglaubten.
Paulus erinnert in seinem Brief an die galatischen Gemeinden die Gläubigen daran, daß sich ihnen mit der Annahme des Evangeliums ein Wesenswechsel vollzogen hat. Höchstwahrscheinlich zitiert Paulus den Teil eines traditionellen Taufliedes, wenn er formuliert (Gal 3,27f.):

> Ihr alle nämlich, die auf Christus getauft wurdet, habt Christus angezogen,
> da gilt nicht mehr Jude und Grieche, nicht Sklave und Freier, nicht Mann und Frau, denn alle seid ihr eins in Christus Jesus.

Dieser Text beschreibt eine Wirklichkeit innerhalb der Gemeinschaft der Kirche, die mit der Wirklichkeit außerhalb nichts zu tun hat, vielmehr ihre Negation darstellt. Die ethnischen, sozialen und selbst geschlechtsspezifischen Unterschiede werden bestritten. Ihre Relevanz ist dahin angesichts des Seins in Christus. Gerade der Kontext, in dem Paulus diesen Abschnitt zitiert, läßt die Vermutung mehr als wahrscheinlich erscheinen, daß es sich um Realerfahrungen handelt. In den Gemeinden wurde tatsächlich Entgrenzung und Überwindung des Trennenden gelebt und praktiziert. Das bedeutet wiederum für alle Beteiligten eine Form des Verzichts auf Angestammtes, Vertrautes; es bedeutet aber auch für alle eine je neue Erfahrung, die von diesen Gemeindemitgliedern als bereichernd empfunden wurde.

3. Offenheit und Isolation. Der Selbstfindungsprozeß der frühen Gemeinden

Die frühen Gemeinden waren in ihrer Außenwirkung von einem ungewöhnlichen Erfolg geprägt. Beredtes Zeugnis ist dafür die Hausmission, also die Gewinnung neuer Mitglieder der Gemeinden durch das gelebte Vorbild, durch die Attraktivität dieser Gemeinden.
Menschen waren offensichtlich neugierig, nicht nur auf den neuen Glauben, sondern wohl auch auf das neue Leben, das dieser Glaube ermöglichte. Diese weitgehende Entgrenzung nach außen mußte zu einer Stärkung der Gemeinden und ihrer Strukturen führen. Anders gesagt, in dem Maße, in dem sich die Zahl der Gemeindemitglieder erhöhte und in dem die verschiedensten sozialen Gruppen, Ethnien zusammenkamen, war wiederum

ein höheres Potential an Integrationsfähigkeit innerhalb der Gemeinde gefragt, so daß zwischen der Entgrenzung und der Aufnahme von Menschen verschiedenster Herkunft in die Gemeinde und einem partiellen Rückzug auf die Gemeinde selbst ein starker Zusammenhang bestand.
Um die Eingliederung anderer in die Gemeinde zu ermöglichen, bedurfte die Gemeinde einer starken Eigenorganisation. Voraussetzung eines gedeihlichen Gemeindelebens war die Organisation verschiedener gemeindlicher Dienste, wozu auch die diakonischen Dienste gehörten.
Bereits im zweiten Jahrhundert führt diese Entwicklung zu einer ausgeprägten diakonischen Struktur, die zweifelsohne im ersten Jahrhundert ihre Anfänge genommen hat. Neben den diakonischen Aufgaben der Betreuung von in Not geratenen und kranken Gemeindemitgliedern und Beherbergung fremder, der Gemeinde nicht zugehöriger Christen gab es ansatzweise bereits Leitungsfunktionen, die für die Organisation all dieser Dienste notwendig waren. Diese Strukturen verweisen zwar auf zukünftige Amtsstrukturen, sie sind aber als solche noch nicht voll ausgeprägt.
Diese Prozesse jedoch bedeuteten eine notwendige Beschäftigung mit dem Eigenentwurf des Lebens wie auch der Konzentration auf die eigenen der Gemeinde zukommenden Aufgaben und Lebensformen. Das Grundproblem, das sich hier natürlich zeigt, ist, daß ein Funktionieren solcher Strukturen nur dann möglich war, wenn neu hinzukommende Mitglieder diese Struktur akzeptierten. Diese Akzeptanz aber beruhte nicht zuletzt darauf, daß die Lebensformen, die sich in den Gemeinden entwickelt haben, an der Praxis des Glaubens orientiert waren. Menschen, die also ganz bewußt zum christlichen Glauben und zur Gemeinde gegangen waren, erlebten hier konkret, was die neue Wirklichkeit des Glaubens bedeuten konnte. Die Erfahrung, daß das vorhergehende präbaptismale Leben, das man um des Glaubens willen verließ, ein sinnloses Leben war, konnte im Gegenentwurf in der Gemeinde gelebt werden. Diese Lebensform sicherte also die je ständige Vergewisserung der Richtigkeit der Entscheidung. Rückblickend war das Leben in der früheren nichtchristlichen Lebenszeit eine Zeit der Sünde und der Verwerfung. Im ersten Petrusbrief wird diese Erfahrung als ein Entfremden von der alten Umwelt gedeutet (4,2–4). Die Teilnahme an bestimmten Riten oder auch, wie der erste Petrusbrief es rückblickend deutet, sündhaften Geschehen sicherte die Partizipation und Annahme in der paganen Gesellschaft; gegen die Praxis des vergangenen Lebens wurde nun das Gemeindeleben gesetzt. Die Gemeinde schuf den Ort, in dem sich das Neue des Glaubens existentiell erfahren ließ. Damit vollzog sich notwendig eine Abgrenzung zu den früheren Lebensformen, die nicht konfliktlos verlief. In der Gemeinschaft des Glaubens konnte man – gegen die Ansprüche der früheren sozialen Bindungen – das Leben, das man für richtig erachtete, führen.
Die Erfahrung der Geschwisterlichkeit in den Gemeinden wurde wiederum als Bestärkung des richtigen Entschlusses erlebt und erfahren. Würde man dieses Leben in den frühen Gemeinden nur unter dem Aspekt des Verzichts betrachten, so wäre damit wenig gewonnen. Ganz im Gegenteil muß man

dieses Leben, das verantwortete Leben vor Gott nach der Taufe, als für diejenigen, die es gelebt haben, als gewonnenes Leben betrachten. Erstmalig, so ist anzunehmen, wurde vielen die Erfahrung eines wirklich geglückten Lebens. Der entsprechende Ort war die Gemeinde, der Ort, zu dem man sich abgrenzte, war die Umwelt, in der man lebte. Diese Spannung konnte fruchtbar sein, indem man sich je neu wieder von außen in Frage stellen ließ und seinen Glauben rechtfertigte. Auch dies ein Grundgedanke des ersten Petrusbriefes. Sie konnte freilich auch zu einer größeren Abgrenzung führen, die in der Umwelt nur noch das feindliche Moment des Nichtglaubens sah. Gemeinde ist immer auch der Ort des Lebens der neuen in Christus gewonnenen Identität.

Läßt man die negative Konnotation des Begriffes außer acht, die er in der Religionssoziologie nicht besitzt, wird man die frühchristlichen Gemeinden als typische Vertreter einer Sektenmentalität bestimmen können. Ihre Identität stützte sich auf die Erfahrung eines nur ihnen zunächst einmal nachvollziehbaren Glaubens in bewußter Abgrenzung von denen draußen. Damit ist kein negatives Urteil gefällt, sondern es wird konstatiert, daß für den Selbstfindungsprozeß der frühen Christen eine gewisse Abschottung nach außen zwingend notwendig war, wenn sie sich nicht in den reinen Konflikten mit der Umwelt verlieren wollten. Man darf dabei nicht vergessen, daß die Mitglieder der Gemeinde sich begriffen als Menschen, die aufgrund der Gnade Gottes und ihres Glaubens herausgenommen waren aus dem drohenden Weltbrand, dem Weltgericht, das über die Erde kommen würde. Sie lebten bereits in einer eschatologischen Heilszeit durch die Gnade, den Glauben. Diese Verschiebung der Zeit oder die Ungleichzeitigkeit der Zeit war am ehesten lebbar, wenn es einen festen Gemeindeverband gab, in dem Gleichgesinnte diese Wahrnehmung der Welt teilten. Dies bedeutet nicht, daß die frühen Christen sich so abschotteten, daß sie nicht auch andere daran teilhaben lassen wollten. Vielmehr ist es so, daß ihre missionarische Tätigkeit ausdrücklich unter dem Vorzeichen des Gnadenerweises und des drohenden Gerichts steht. Die missionarische Praxis war zugleich Bezeugung des Wollens Gottes, nach dem kein Mensch verlorengehen sollte. Gleichwohl hatten die frühen Christen aufgrund gewiß auch negativer Erfahrungen mit der missionarischen Praxis damit zu kämpfen, daß nicht viele von ihrer Mission erreicht wurden und ihren Glaubensvorstellungen folgten.

Wiederum war hier die Gemeinde der Ort, in dem diese Dissonanz überwunden werden konnte im Glauben, daß Gott die Geschicke der Gemeinde lenkt, aber auch die Geschicke der Welt. Die Gemeinde war damit auch ein Ort der Entlastung. Entlastung nämlich von dem Problem, wie man, wissend um die Gefährdung der Welt, die Welt retten konnte. In der Gemeinde wurde dies vorgelebt; da sie grundsätzlich für alle offen war, war die Rettung auch für alle grundsätzlich gegeben. Wenn diese Rettung auf Heil nicht ergriffen wurde, bedeutete es keine Infragestellung der Praxis der Gemeinde selbst.

Ein weiteres Problem der frühen Christen und ihrer Gemeinden war sicherlich, daß die Selbstwahrnehmung und die Außenwahrnehmung auseinanderklafften. Der notwendige Rückzug auf die Gemeindestruktur konnte ausgelegt werden als Isolation, als Nichtteilhaben am staatlichen Gemeinwohl bis hin zum Ungehorsam gegenüber dem Staat. Da das öffentliche Leben in der Antike durchgehend religiös organisiert war, war die Nichtteilnahme an religiösen Feiern, die übrigens von jüdischen Menschen nicht erwartet wurde, bei den Christen für ihre Kritiker Ausweis des mangelnden Solidaritätsbewußtseins. Während die Christen ihre neue Lebenspraxis als Gewinn erfuhren, war diese Praxis genau das, was wiederum Außenstehende kritisierten. Für diese war weder der Rückzug von den offiziellen Feiern noch aus den vorgegebenen Familienverbänden nachvollziehbar (1 Petr 1,12). Die Mißdeutung des gemeindlichen Lebens war eine Gefahr für die Existenz der frühen Christen, die aber von ihnen wiederum auf dem Hintergrund der Gemeinde ertragen werden konnte und auch gemeindestabilisierend wirkte. Das Verhältnis zur Umwelt dagegen wurde durch die ablehnende Haltung mehr als belastet. Darum ist es erklärlich, daß die Strukturen des frühen Christentums schon ab dem zweiten Jahrhundert sehr allumfassend sind, das heißt, es waren bereits ökonomische, und eben nicht nur soziale Bereiche, die von der Gemeinde abgedeckt wurden. Daß diese Fähigkeit aus dem Glauben heraus dieses Leben, wenn auch unter Konflikten, zu leben, Christentum wiederum attraktiv machte, steht außer Zweifel. Die zwiespältige Situation der frühen Gemeinden zwischen genereller Offenheit und relativer Abgrenzung hat nicht dazu geführt, daß sie sich völlig aus der Welt zurückzogen. Sie lebten ihren Glauben in der Welt, wenn auch mit einer gewissen Distanz. Aber gerade diese Distanz wird es unter anderem gewesen sein, die die Gemeinden als Orte tiefer Glaubenserfahrung und geschwisterlicher Gemeinschaft für viele Menschen, die Sehnsucht nach einer anderen Antwort hatten, attraktiv machte und den Weg zu dieser Gemeinde bahnte, die in dieser Welt, aber nicht nur von dieser Welt war.

4. Rückblick

Die frühen Gemeinden sind gewiß Abenteurer und Wagemutige um des Evangeliums willen gewesen. Sie behaupteten in einer Welt, die vordringlich auf Stärke, Macht und Autorität setzte, daß es etwas ganz anderes gibt als die Instrumente der Beherrschung, nämlich eine Erfahrung, die darauf beruhte, daß durch den Glauben die Unterschiede zwischen den einzelnen Menschen aufgehoben waren. Diese Erfahrung zu leben führte zu der Konstituierung eigener Lebensformen, die glaubhaft ermöglichten, eine neue Wirklichkeit, die durch Gott in seinem Sohn Jesus Christus gestiftet war, zu bezeugen.

In den Städten des Imperium Romanum ereignete sich eine Umwertung hin zu dem, was das Evangelium Jesu Christi ganz konkret bedeutete, eine neue

Welt mit neuen Werten, die dem Wollen Gottes entsprach. Die Gemeinden sind auch im Rückblick trotz sicherlich geschehener Konflikte, Streitigkeiten, auch kleiner Streitigkeiten, sehr wohl Wegmarken für eine Entwicklung hin zu einer Welt des Besseren. Sie waren immer auch ein Stück realisierter Utopie, in der der vormals Fremde Nächster war und der Feind zum Nächsten werden konnte. Sie sind gewiß keine Inseln der Harmonie oder nur der Friedfertigkeit gewesen, aber sie waren doch Orte des je besseren Lebens für viele Menschen.

Ihre Grundproblematik von Offenheit und Abgrenzung zugleich hat sie nicht daran gehindert, für die Welt dazusein, indem sie sich von der Welt versuchten zu separieren. Das Widerständige in den frühen Gemeinden ist das, was sie einerseits Fremde in ihrer Umwelt, andererseits aber für die, die suchten, zu Nächsten werden läßt. Die frühen Gemeinden haben den Balanceakt zwischen Anpassung und Selbständigkeit offensichtlich weitgehend gelungen gelebt. Sie sind darin und damit in ihrer Vorbildfunktion auch durch die Spanne der Zeit zur Erinnerung aufgegeben. In ihnen war etwas von der Unmittelbarkeit der Gnade, die sie von Gott erfahren hatten, zu spüren. Hier muß auch der Schlüssel zu dem historischen Rätsel des Überlebens dieser kleinen Gemeinden liegen. Neben all dem, was man an soziologischen oder historischen Gründen nennen kann, gibt es keinen Grund, daran zu zweifeln, daß es letztendlich der Glaube war, daß Gott sich ihrer angenommen hatte, der befähigte, das zu leben, was sie gelebt haben, Vertrauen auf die Rettung in Jesus Christus.

E. Von der Schwierigkeit, freundlich zu sein – Ein gegenwärtiger Rückblick

Die Erinnerung an die Zeit des Neuen Testaments kann bei denen, die an Jesus von Nazaret als Christus Gottes glauben, eine Reaktion hervorrufen, die eine Mischung aus Freude, Abwehr und Traurigkeit darstellt.
Die Freude hat ihren Grund in der guten Erinnerung an das Gelungene des Anfangs. Durch die Texte des Neuen Testaments wird dem Menschen, der sich auf sie einläßt und liest, die Zeit des Anfangs gegenwärtig, deren Charakteristikum, die beglückende Erfahrung des Heils Gottes durch seinen Sohn, noch spürbar ist und in die Gegenwart hineinreicht, wann immer Menschen sich hiervon berühren lassen wollen.
Doch kann zur Freude auch Abwehr treten, wenn die Erinnerung nicht an das eigene Leben im Glauben heranreicht und letzteres als defizitär begriffen wird. Kommt dann noch hinzu, daß die Erinnerung als Anmahnung der eigenen Praxis aufgefaßt wird, so daß das Evangelium gebotlichen Charakter bekommt, kann man mit Verwunderung feststellen, daß bisweilen gerade die, die der historischen Erforschung des Neuen Testaments skeptisch gegenüberstehen, auf die verschiedenen historischen Gegebenheiten zwischen der Zeit des Anfangs und der Gegenwart verweisen, um sich der Anfrage zu entledigen. Daß man sich damit eine theologische Grube gräbt, in die dann die eigene Argumentation fällt, wird dabei kaum bemerkt. Denn bei dieser Argumentation bekommt der Kontext einen solchen Stellenwert als Kriterium der bleibenden Gültigkeit, daß man sich ins kühne Behaupten retten muß, um noch zu erklären, worin denn das Verpflichtende besteht, wenn man es offensichtlich nur in der Vergangenheit leben konnte. Das berühmte Wort aus den achtziger Jahren, die Bergpredigt tauge nicht für die Politik, ist ein beredtes Beispiel dieser Argumentationsfigur, mit der freilich eher etwas über den Zustand der Politik als über die Lebendigkeit der Bergpredigt ausgesagt wird.
Traurigkeit jedoch kann erwachsen aus der Erfahrung, daß auch ernsthaftes Bemühen nicht sicherstellt, daß man in seinem eigenen Leben das verwirklichen kann, was das Neue Testament an Mitmenschlichkeit möglich erscheinen läßt. Es gibt eine berechtigte Sehnsucht, das nachzuleben, was als Zeichen des Anfangs berichtet wird. Freilich kann dieser Traurigkeit vielleicht dadurch abgeholfen werden, daß auch Vorhergehende, die auf Gottes Wort vertrauten, sich nicht wie Helden erlebt haben, sondern auch ihre Begrenztheit hinnehmen mußten. Sie können eben auch darin Vorbild sein, daß man wie sie sich immer wieder mutig auf das Wagnis des Glaubens und seiner Praxis einlassen muß.
Daß zu dieser Praxis die Nächsten- und Feindesliebe und die Annahme von Fremden gehören, das bedarf angesichts des vielfachen Zeugnisses des

Neuen Testaments keiner ausführlichen Begründung. Doch zeigt die Geschichte des Christentums, daß es keineswegs so war, daß von den Beispielen des Neuen Testaments eine Wirkung ausging, die Fremdenhaß, Mißachtung des Nächsten und der Geschwisterlichkeit wenigstens für den Raum der Gemeinde verunmöglichten. Selbst die Auslegungsgeschichte der Erzählung vom barmherzigen Samariter ist nicht frei von Haßtiraden gegen die, von denen man sich gewiß war, sie seien keine Nächsten, die man lieben müsse. Nun ist die Negativerfahrung kein Grund, diese notwendige Praxis der Bezeugung in und an der Welt in Frage zu stellen oder gar aufzugeben. Wenn überhaupt, kann jene nur Antrieb dafür sein, unverzagt und beharrlich an der Menschenfreundlichkeit festzuhalten und sie ins Leben zu bringen, da sie als letzten Grund die Menschenfreundlichkeit Gottes hat und auf sie verweist. Denn die *immitatio dei*, die Nachahmung Gottes, realisiert sich darin, daß man in dem anderen sich selbst als den wiedererkennt, der sich der ungeschuldeten Gnade Gottes verdankt, und den man annimmt, wie man sich von Gott selbst angenommen weiß.

Die theologische Letztbegründung der Nächsten- und Fernenliebe ist nicht in Ermahnungen, Geboten oder in einer beispielhaft vorgelebten Praxis gegeben, so bedeutsam sie sind, sondern in der Erfahrung des Erweises der Gnade Gottes, die ungeschuldet, ohne Verdienst, geschenkweise zuteil geworden ist. Dieses lebens- und existenzverändernde Ereignis drängt zur Mitteilung in Wort und Tat. Indem der Glaubende den anderen, der ihm als Fremder, Nächster, Feind begegnet, versucht anzunehmen, ihm Gutes zuteil werden zu lassen, ahmt er nach, wie ihm in anderer unüberbietbarer Form von Gott geschah. Nicht das Zuteilgewordene, sondern das Wie des Zuteilwerdens kann an andere weitergegeben werden. Jeder, der einer Hilfe bedarf, bildet in seiner Bedürftigkeit die eigene Verwiesenheit auf Gott ab, die das ganze Leben im Glauben prägt. So wie Gott ohne Bedingung sich des Menschen erbarmt, so kann sich der Mensch als barmherzig erweisen, ohne daß er sich dessen rühmen könnte, da das Vermögen dazu aus der Barmherzigkeit Gottes erwächst. Die Zuwendung zum anderen ist praktizierte Dankbarkeit für das Geschenk der Gnade.

Damit aber ein solches Tun in Dankbarkeit und ohne Erwartungen oder Bedingungen gelingen kann, wird man wohl von dem Gottvertrauen Jesu lernen müssen. Wenn man Gott vertraut, darf man mit Zuversicht hoffen, daß das Mühen um den anderen nicht ins Leere geht, sondern gelingend dazu beiträgt, daß die Welt ein freundlicherer Ort wird.

Dialog

Altes Testament

Josef Schreiner

1. Die Bindung an den einen, einzigen und alleinigen Gott, den Gott Israels, ist im Alten Testament Rahmen und Leitlinie für die Bestimmung menschlichen Zusammenlebens. Jahwe gibt durch sein Handeln vor und gebietet durch sein Wort, wie mit den Mitmenschen umzugehen ist. Von ihm her ergeht auf diese doppelte Weise die Anweisung (Torah). Die innere Einstellung, die Einschätzung, das Verhalten und Tun sollen von ihr geleitet werden. Wie die Gesetzeskorpora des Alten Testaments zeigen, ist die grundlegende Weisung Gottes jeweils für die konkrete Situation, in der das Volk des Herrn lebt, entsprechend den Problemen und Bedürfnissen in der erforderlichen und vom Grundkonzept aus möglichen Flexibilität anzuwenden. Die neutestamentliche Gemeinde muß ebenfalls in ihrer Lage im Blick auf die ihr als Wort Gottes gegebenen alttestamentlichen Vorschriften und Verfahrensweisen und durch ihre Anwendung erkunden, wer für sie der Nächste, der Fremde, der Feind ist und was dies für ihr Leben bedeutet.

2. Im Alten Testament stehen die Vorschriften für das Zusammenleben im Gesamt des Volkes Gottes jeweils unter einem leitenden Gebot. Im Bundesbuch ist es wohl der dem vorausgehenden Altargesetz vorangestellte und die Verehrung des einen Gottes fordernde Satz: »Ihr sollt euch neben mir keine anderen Götter machen« (Ex 20,23). Das Deuteronomium stellt den Mosereden, die auf die Gesetze hinführen, das Gebot der Liebe zu dem einzigen Gott voran (6,4f). Lev 19 leitet die kultisch-sozialen Vorschriften mit dem Gebot ein: »Seid heilig; denn ich, der Herr, euer Gott, bin heilig« (V. 2). Jahwe, der alleinige Gott, ist ganz anders als die angeblichen Götter. Darum soll Israel ganz anders handeln, nicht tun, was man in Ägypten und in Kanaan tut (18,3f). In der Sache stimmen die grundlegenden, die Gesetzessammlungen einleitenden Gebote überein. Die Akzente sind verschieden gesetzt.

Als im Neuen Testament die Frage nach dem wichtigsten Gebot auftaucht und in der Überlieferung der synoptischen Evangelien vor Jesus gebracht wird (Mk 12,28–34 par.), wird als Antwort Jesu im Konsens mit dem Schriftgelehrten, das Gebot der Gottesliebe als Hauptgebot nach Dtn 6,5 angeführt. Mit einem »und« wird (so Mk und Lk) Lev 19,18 angeschlossen: »Du sollst deinen Nächsten lieben wie dich selbst«. Mt 22,39 interpretiert das »und«: »Ein zweites ist ihm gleich.« Damit ist für die Gemeinde Jesu Christi verbindlich gesagt, daß ihr Zusammenleben unter Zeichen und Tat der Liebe gestellt ist.

3. Die neutestamentliche Gemeinde Christi weiß sich nicht nur an das alttestamentliche Wort Gottes, sondern auch an die Botschaft und das Beispiel Jesu gebunden. Sein Zusammenleben mit seinem Volk, mit den Menschen, denen er begegnete, sein Agieren und Reagieren stand ihr vor Augen und

wurde von ihr gedeutet. Er, der auf Erden erschienene endzeitliche Messias, der Mensch gewordene Sohn Gottes, als den ihn die Gemeinde kraft seiner Auferstehung glaubt, wird im Neuen Testament nicht als der Nächste, der Fremde, der Feind, so auch nicht im Mund seiner Gegner bezeichnet. Aber er war in Nächstenliebe eingebunden und hat sich in seinem helfenden und heilenden Handeln als Nächster erwiesen. Hier hat die Deutung des barmherzigen Samariters (Lk 10,30–37) auf Jesus ihren in der Sache berechtigten Anhaltspunkt. Die Frage des Gesetzeslehrers »Und wer ist mein Nächster?« ist vom Alten Testament her gesehen durchaus berechtigt. Es zeigt verschiedene Zuweisungen in unterschiedlichen Zeiten und Gruppierungen. Jesus kehrt sie nicht nur um, sondern entschränkt sie auch. Der Samariter, mit dem ein frommer Jude damals keine Gemeinschaft hatte, wurde dem Beraubten und Mißhandelten zum Nächsten durch seine Zuwendung und tätige Hilfe. Der nahe Gott (vgl. Dtn 4,7), dessen erbarmende und gnadenvolle Herrschaft Jesus verkündet, ohne den richtenden, den fernen (vgl. Jer 23,23) zu vergessen, ist nicht unter dem Begriff »der Nächste« zu fassen. Er bleibt der Herr. Es ist das Wunder seiner Liebe zu den Menschen, daß Jesus unser Bruder geworden ist.
Neben der Fremdheit, die Jesus durch sein Verhalten, Tun und Wort und durch seine Person hervorruft, erinnert Joh 1,14 mit Anspielung auf das Alte Testament (vgl. Gen 13,12) an ein anderes Fremdsein des Gottgesandten: »und das Wort ist Fleisch geworden und hat unter uns gezeltet«. Es hat nur vorübergehend als Mensch unter Menschen auf Erden geweilt. Sein Aufenthalt war wie der eines Fremden im Volk von vornherein begrenzt. Der Sohn, der vom Himmel herabstieg, kehrt auch wieder zum Vater zurück, wie er selber im Johannesevangelium betont (7,33; 8,21). Auch die synoptische Tradition läßt ein solches Wissen um die Begrenztheit des Aufenthalts in den Leidensweissagungen anklingen.
Jesus stößt auf Ablehnung in seinem eigenen Volk und gerade bei den Frommen, die an seinen Worten und Taten Anstoß nehmen. Haß schlägt ihm entgegen (Joh 7,7). Sie werden seine Feinde, hassen ihn ohne Grund, wie er mit Ps 35,19; 69,5 sagen kann. Damit ist die Feindestheologie der Psalmen angesprochen, die auch in der Person und im Schicksal Jesu zum Tragen kommt. Sie erhält noch Vertiefung, insofern diejenigen, die Jesus hassen, auch den Vater hassen (Joh 15,23f), zu Feinden Gottes werden. Hassen sie damit nicht auch ihr eigenes Volk? Nach alttestamentlicher Auffassung sind Feinde des Volkes auch Feinde Gottes und umgekehrt.
4. Die Gemeinde Christi, die nach wenigen Jahrzehnten durch die Missionsarbeit des Paulus und der anderen apostolisch tätigen Männer und Frauen bereits in vielen Ortsgemeinden existierte, war durch den Glauben an den einen Gott und an Jesus Christus zu einer Gemeinschaft zusammengeschlossen. Sie sah sich dazu aufgerufen,, wie der Meister ihr vorgelebt und aufgetragen hatte, die Nächstenliebe zu leben (Apg 2,43–47). Wenn die johanneischen Schriften wie schon 1 Thess 4,9 von der Bruderliebe sprechen (besonders 1 Joh 3.10), knüpfen sie an die deuteronomische Auffassung an:

Die Mitchristen sind nicht nur Mitbürger und Nachbarn in Volk und Staat, sondern Brüder im Volk Gottes.
Ablehnung schlug ihnen wie ihrem Herrn und Meister entgegen von außerhalb her. Joh 15,18–16,4 thematisiert dies bezüglich der Juden und der gottfeindlichen »Welt«. Es ist bedeutsam, daß in diesem Zusammenhang in Joh 15,25, wie soeben gesagt, auf die Psalmen verwiesen wird, wo die Machenschaften der persönlichen Feinde, der Feinde der Gemeinde und Gottes in den Gebeten der Frommen vor Gott gebracht und die Rettung aus der Not dem Eingreifen und Rechtschaffen Gottes anempfohlen werden. So wird das Psalmengebet und die darin eingeübte Haltung zur Hilfe in Feindesnot.
Auch zwischen den Gemeinden und in ihnen war Fremdheit vorhanden, vergleichbar jener, die einst nach dem Untergang des Nordreichs Israel (722 v. Chr.) zu überwinden war. Es war ein Fremdsein zwischen Judenchristen und Heidenchristen auf Grund ihrer angestammten Lebensweise. Diese Fremdheit konnte und mußte in Jesus Christus, in dem alle »einer« sind und es nicht mehr Juden und Griechen, Sklaven und Freie, Mann und Frau gibt (Gal 3,28), überwunden werden. Heidenchristen sind nun durch ihn »nicht mehr Fremde ohne Bürgerrecht, sondern Mitbürger der Heiligen und Hausgenossen Gottes« (Eph 2,19), hineingenommen in das Volk Gottes und in den Gottesbund. Die Christus und damit dem einen Gott angehören, dürfen, selbst »Fremde und Gäste« auf Erden (Hebr 11,13), aber Schutzbürger bei Gott (Lev 25,23), erproben und tun, was das Gebot meint: »Du sollst ihn (den Fremden) lieben wie dich selbst« (Lev 19,34). Jesus schließt in diese Liebe ausdrücklich die Feinde mit ein (Mt 5,44).

Neues Testament

Rainer Kampling

1. Die Überlieferung der Tora hatte offensichtlich wegen ihrer zweifachen Autoritätsstruktur eine ihr eigene Wirksamkeit auch im sozialen Bereich, so daß es gelingen konnte, von ihr ausgehend eine je neue Antwort auf Konfliktsituationen zu finden. Als Wort Gottes und als Gesetz Gottes ermöglichte sie einen produktiven Umgang mit sozialen Gegebenheiten, der sich an dem gesetzten Rahmen von Verbindlichkeiten orientieren konnte.
Da zahlreiche dieser Vorschriften die Frucht einer exilischen oder nachexilischen theologischen Reflexion waren, die mithin den Verlust der Eigenstaatlichkeit bereits bedachten und aufarbeiteten, konnten diese Gebote auch in einer Lebensform wie der der Diaspora greifen, da sie des staatlichen Bezugs nicht bedurften, sondern ins kulturelle Gedächtnis eingeschrieben waren. Ob und inwieweit die theologische und formale Eigenheit der das soziale Leben regelnden Vorschriften als verbindliche Weisungen die Gestaltung der jeweiligen Praxis vereinfachte, sei in einer Zeit der auch in der Theologie noch verbreiteten Nomophobie immerhin angefragt.
2. Daß sich freilich durch die Diaspora und die Entwicklung zu einer sektiererischen Struktur im antiken Judentum, die zweifelsohne auch eine Folge der makkabäisch-hasmonäischen Religionspolitik ist – autoritär-monolithische Formen der Religion produzieren häufig Sekten –, ganz neue Konstellationen stellten hinsichtlich der Frage, wer Nächster, Feind oder Fremder war, ergibt sich von selbst. Die Erfahrung der erbitterten innerjüdischen Auseinandersetzung ließ die Vorstellung von der Gemeinsamkeit aller Juden als Juden brüchig werden.
Wie die Psalmen Salomos beispielhaft zeigen, konnten die Begriffe in bestimmten Gruppen nicht mehr allein über die faktische Zugehörigkeit zu einer Religion und Ethnie inhaltlich bestimmt werden, sondern orientierten sich an der Gruppenzugehörigkeit. So wie nicht jeder Nichtjude der Fremde schlechthin war, so war nicht jeder Jude gleich der Nächste. Dennoch gelang es offensichtlich insbesondere außerhalb der jüdischen Kernlande einen Zusammenhalt zu gestalten, der aber gerade von der Leistung lebte, daß gegen eine relationale Fremdheit vom Bezugspunkt der Religion her Gemeinsamkeit konstituiert und praktiziert wurde. Die Apostelgeschichte des Lukas, die ja auch ein bedeutendes Dokument des Diasporajudentums ist, läßt die Praxis der Fremdenaufnahme, d.h. ortsfremder Juden, noch gut erkennen, zeigt aber auch, daß es Grenzen des Zusammenhalts gab.
3. Die theologische Basisbegründung jeglicher Praxis war und blieb jedoch von den verschiedenen Entwicklungen unberührt. Weil es in Folge des christlichen Antijudaismus hier eine Negativverkehrung gibt, sei diese Begründung ein wenig plakativ formuliert: Nicht weil man zu einem Volk gehörte, wurde Solidarität eingefordert, sondern weil der alleineinzige Gott

dieses Volk zu seinem Eigentum konstituiert hatte und sich darin als gnädig und erbarmend erwiesen hatte, war die geforderte Solidarität Nachahmung des Handeln Gottes, ständige Memoria seines vorgängigen Tuns. Wie früh diese theologische Prämisse des Israelsein bereits ausgeprägt war, kann man beim Propheten Amos sehen, dessen ganze theologisch fundierte Kritik der sozialen Verwerfungen in Samaria darauf beruhte. Das Verhältnis zum anderen muß das erfahrene Tun Gottes widerspiegeln, weil im menschlichen Tun die Glaubwürdigkeit dieses Handelns und der Glaube daran bezeugt wird.

4. Von diesem theologischen Denken war zweifelsohne auch die Verkündigung Jesu von Nazaret geprägt. Die Botschaft vom anbrechenden Reich Gottes, von der guten Herrschaft Gottes über sein Volk und seine Schöpfung, ist Gnadentheologie. Ohne menschliches Zutun wird Gott Heil werden lassen, das in Jesu Handeln antizipierend erlebbar ist. Dabei ist es insbesondere die jesuanische Existenz des völligen Gottvertrauens, die erahnen läßt, wie ernst es Jesus mit der Gewißheit des kommenden Heils war. Metanoia, Umkehr, wie Jesus sie forderte, beinhaltet gewiß auch die Bereitschaft vom Bösen zu lassen, meint aber vor allen Dingen die freudige und zuversichtliche Hinwendung und Anheimgabe seiner Selbst an den gnädigen Gott.

5. Im Glauben an Jesus von Nazaret als den Christus Gottes erschließt sich diese heilslebende Existenz Jesu als heilsmittlerische, die das angekündigte Heil zu einem zugesprochenen werden läßt. Unschwer ist das Geschehen, das sich in der christlichen Terminologie mit dem Begriff Rechtfertigung verbindet, in den sozialen Termini von Nächster, Fremder, Feind zu deuten. Der heillose Mensch, verstrickt in die Fähigkeit zum Bösen, erfährt den ihn auf Grund seiner eigenen Verfaßtheit fremden Gott als den nahen Gott, indem dieser alle Fremdheit und Feindschaft abtuend ihn gnädig annimmt und hineinnimmt in seine Herrschaft, die aber eben nicht die der Unterdrückung ist, sondern die des guten Vertrauens und der stetig erfahrenen Gnade. Durch die Erfahrung der Gnade Gottes kommt der Mensch aber eben auch zu sich selbst. Indem der Zwang zur Sünde gebrochen ist, kann der Mensch sich als der erleben, der er nach dem Willen des gnädigen Gottes ist. Das brutale Wort, nach dem sich jeder Mensch selbst der Nächste ist, ist in Wirklichkeit so lange nur Wort der elenden Eigenfremdheit, wie es in Eigensüchtigkeit gesprochen wird. Es kann aber dann seine Wahrheit entbergen, wenn aus der Erfahrung und vertrauensvollen Annahme des Ja Gottes das Ja zu sich selber wird, wenn die Annahme durch Gott zu einer freudevollen Annahme seiner selbst wird.

6. Aus der erfahrenen Gnade erwächst die Fähigkeit zur Bezeugung dieser Gnade. Gegen die leichtfertige Rede von der Begegnung mit Gott oder Jesus im Nächsten, Fremden oder Feind, die unverhohlen autoritär ist, als Begründung ethischen Handelns ist die Eigenerfahrung der Bedürftigkeit vor Gott zu setzen, derer man im Zuteilwerden der Gnade inne wird. Im sozialen Verhalten zum anderen kann das bezeugt werden, dessen man teil-

haftig geworden ist: der ungeschuldeten unverdienten Zuwendung Gottes. Eingedenk dessen ist jede Begegnung mit einem anderen Menschen Ort der Bezeugung des Mysteriums, aus dem Leben vor Gott möglich geworden ist, nämlich der unverhofften und unwägbaren Liebe Gottes in Jesus Christus.

Anhang

Anmerkungen

Altes Testament

A. Der Nächste (S. 12–23)

1 Siehe zu einer ersten Information J. Scharbert, Art. Nächster, in: NBL II 883f.; C.A. Keller, Art. Nächster, Nächstenliebe, in: BHH 1274f.: sodann J. Fichtner, Der Begriff des Nächsten im Alten Testament, in: ders. Gottes Weisheit (ATh II/3), Stuttgart 1965, 88–114; J. Kühlewein, Art. rea' Nächster, in: THAT II 786–791; H.-P. Mathys, Liebe deinen Nächsten wie dich selbst. Untersuchungen zum alttestamentlichen Gebot der Nächstenliebe (OBO 71), 1986: D. Kellermann, Art. *rea'* in: ThWAT VII, 545–555.

2 Greeven, Art. plesíon, in: ThWNT VI 309f.

3 H. Greßmann, Altorientalische Texte zum Alten Testament, ^{2}1926, 380–410: Das Gesetzbuch des Hammurapi.

4 Siehe L. Schwienhorst-Schönberger, Das Bundesbuch (BZAW 188), Berlin 1990, 234.

5 D. Kellermann, a.a.O. 550.

6 O. Plöger, Sprüche Salomos (Proverbia) (BK. AT XVII) Neukirchen 1984, 63, der auch Spr 11,15; 17,18; 20,16; 22,26f.; 27,13 nennt.

7 Siehe dazu F. V. Reiterer (Hg.), Freundschaft bei Ben Sira (BZAW 244), Berlin 1996, darin den Überblick von O. Kaiser 120f.

8 KBL^{3} 1177 im Anschluß an J. Fichtner, a.a.O. 89, vgl. auch 1169, D. Kellermann, a.a.O. 546f.

9 M. Noth, Das zweite Buch Mose. Exodus (ATD 5), Göttingen ^{4}1968, 133.

10 H. Greßmann, Altorientalische Texte 383.

11 Vgl. auch J. Schreiner, Gottes Forderung zum Heil der Menschen, in: ders., Leben nach der Weisung Gottes, Würzburg 1992, 11–25.

12 Wie L. Schwienhorst-Schönberger, a.a.O., diese Übernahme samt ergänzenden Bestimmungen nennt.

13 F.L. Hossfeld, Der Dekalog. Seine späten Fassungen, die originale Komposition und seine Vorstufen (OBO 45), Freiburg/Schweiz – Göttingen 1982.

14 G. Braulik, Deuteronomium 1–16,17 (NEB), Würzburg 1986, 111.

15 G. Braulik, Deuteronomium II 16,18–34,12 (NEB), Würzburg 1992, 175.

16 K. Elliger, Leviticus (HAT I/4), Tübingen 1966, 255.

17 J. Fichtner, a.a.O. 103.

18 K. Elliger, a.a.O. 255f.

19 Siehe dazu J. Fichtner, a.a.O. 104; H.P. Mathys, Liebe deinen Nächsten wie dich selbst. Untersuchungen zum alttestamentlichen Gebot der Nächstenliebe (Lev 19,18) (OBO 71, Freiburg/Schweiz-Göttingen 1986, 9.

20 Vgl. F. Maass, Die Selbstliebe nach Levitikus 19,18, in: FS F. Baumgärtel, Erlangen 1959, 109–113.

B. Der Fremde (S. 24–39)

1 Vgl. A. Bertholet, Die Stellung der Israeliten und der Juden zu den Fremden, Freiburg und Leipzig 1896, 1–78.

2 M. Küchler, Art. Jerusalem, in: NBL II 294–314, 301.

3 H. Kosmala, Art. Jerusalem, in: BHH 820–850, 842.

4 Chr. Bultmann, Der Fremde im antiken Juda. Eine Untersuchung zum sozialen Typenbegriff *›ger‹* und seinem Bedeutungswandel in der alttestamentlichen Gesetzgebung (FRLANT 153) Göttingen 1992, 22.

5 D. Kellermann, Art. *gūr,* in: ThWAT I 980–991, 985f. Vgl. dazu: J. Schreiner, Muß ich in der Fremde leben? Eine Frage des alten Israel, in: Dynamik im Wort. Lehre von der Bibel. Le-

ben aus der Bibel, Stuttgart 1983, 133–146, 136f.; R. Albertz, Religionsgeschichte Israels in alttestamentlicher Zeit I (ATD Ergänzungsreihe 8/1) Göttingen 1992, 289f. F. Crüsemann, Das Bundesbuch – Historischer Ort und institutioneller Hintergrund, in: S.VT 40, 1966, 27–41, 34; J. E. Ramírez Kidd, Alterity and Identity in Israel. The gr in the Old Testament, Berlin/New York 1999, 45.

[6] Siehe R. Albertz, a.a.O. 245–161; J. Schreiner, Theologie des Alten Testaments (Ergänzungsband 1 zur NEB AT), Würzburg 1995, 194–202.

[7] Stählin, Art. xenos, in: ThWNT V 1–36, 10f.

[8] L. Schwienhorst-Schönberger, Das Bundesbuch (Ex 20,22–23,33) (BZAW 188), Berlin/New York, 1990, 350.

[9] Chr. Bultmann, a.a.O. 69, 72.

[10] Chr. Bultmann, a.a.O. 42.

[11] Chr. Bultmann, a.a.O. 36.

[12] G. Braulik, Deuteronomium II 16,18–34,12 (NEB), Würzburg 1992, 184.

[13] So Chr. Bultmann, a.a.O. 45.

[14] G. Braulik, Deuteronomium 1–16,17 (NEB), Würzburg 1986, 110.

[15] K. Elliger, Leviticus (HAT I/4), Tübingen 1966, 227.

[16] Snijders, Art. *zūr/zār*, in: ThWAT II 556–564, 557f.

[17] Snijders, a.a.O. 560.

[18] O. Plöger, Sprüche Salomos (Proverbia) (BK.AT XVII), Neukirchen 1984, 82.

[19] Snijders, a.a.O. 562.

[20] Snijders, a.a.O. 562.

[21] G. Fohrer, Das Buch Hiob (KAT XVI), Gütersloh 1963, 273.

[22] R. Martin-Achard, Art. *nekār* Fremde, in: THAT II 66–68, 67; KBL[3] s.v.

[23] B. Lang, Art. Fremder (1) AT, in: NBL 701f.

[24] B. Lang, a.a.O. 702.

[25] J. Schreiner, Art. Gastfreundschaft, in: NBL I 730.

[26] Vgl. J. Schreiner, Theologie 184–190.

[27] Chr. Bultmann, a.a.O. 190.

[28] J. E. Ramírez Kidd, a.a.O. 68–71.

[29] Chr. Bultmann, a.a.O. 202.

[30] C. Westermann, Das Buch Jesaja. Kapitel 40–66 (ATD 19), Göttingen 1966, 249.

[31] O. Kaiser, Die Ausländer und die Fremden im Alten Testament, in: JRP 14, 1997, 65–83, hat das Problem an Hand spät-altestamentlicher Schriften aufgezeigt.

[32] O. Kaiser, a.a.O. 68.

[33] O. Kaiser, a.a.O. 75.

C. Der Feind (S. 40–53)

[1] B. Lang, Art. Feind, in: NBL 663.

[2] Ringgren, Art. *'ājab*, in: ThWAT I 228–235, 231.

[3] Siehe die Einschätzung bei C. Westermann, Das Buch Jesaja, Kap. 40–66 (ATD 19), Göttingen 1966, zu den Stellen.

[4] Siehe dazu B. Zapff, Schriftgelehrte Prophetie. Jes 13 und die Komposition des Jesajabuches (FzB 74), Würzburg 1995, 66–104.

[5] Zum zeitlichen Ansatz siehe H.W. Wolff, Dodekapropheton 4. Micha (BK.AT XIV/4), Neukirchen 1982, 177f.

[6] H. Gunkel / J. Begrich, Einleitung in die Psalmen, Göttingen 1933, 196f. Siehe dort auch zu den angeführten Begriffen und Wendungen. Vgl. auch O. Keel, Feinde und Gottesleugner (SBM 7), Stuttgart 1969, 93–98; L. Ruppert, Klagelieder in Israel und Babylonien – Verschiedene Deutungen der Gewalt, in: N. Lohfink (Hg.), Gewalt und Gewaltlosigkeit im Alten Testament (QD 96), Freiburg 1983, 111–158, 130–140.

[7] Gunkel / Begrich, a.a.O. 198.

[8] H.J. Kraus, Theologie der Psalmen (BK.AT XV/3), Neukirchen 1979, 163, der auf Ps 3,7; 27,3; 55,19; 56,2; 62,4 u.a. verweist.

[9] H.J. Kraus, a.a.O. 163, der Ps 7,16; 9,16; 31,5; 35,7f.; 57,7; 59,8; 64,4; 140,6 anführt.

[10] H.J. Kraus, a.a.O. 163, der u. a. nennt: Ps 3,8; 7,3; 10,9; 17,12; 22,13f.22; 27,2.

[11] Vgl. dazu O. Keel, a.a.O. unter dem Stichwort Angst, 62f., 141ff.; 227–237.

[12] H.J. Kraus, a.a.O. 169, vgl. L. Ruppert, a.a.O. 136–140.

[13] R. Knierim, Art. *'āwaen* Unheil, in: THAT I 81–84, 81.

14 Bernhardt, *Art. 'āwaen*, in: ThWAT I 151–159, 159.

[15] Gunkel / Begrich, a.a.O. 200.

[16] H. Schmidt, Das Gebet des Angeklagten im Alten Testament (BZAW 49), Berlin 1928, hat vor anderen darauf hingewiesen.

[17] W. Beyerlin, Die Rettung der Bedrängten in den Feindpsalmen des Einzelnen auf institutionelle Zusammenhänge untersucht (FRLANT 99), Göttingen 1970, 141–147, gibt eine Beschreibung dieser Institution.

[18] So ist wohl besser zu umschreiben, was mit »Gott der Rache« (Ps 94,1) wiedergegeben wird, vgl. E. Zenger, Ein Gott der Rache? Feindpsalmen verstehen, Freiburg 1994, der für »Gott der Ahndung« plädiert.

[19] Siehe E. Zenger, a.a.O., zu Ps 12; 44; 58; 83; 109; 139.

[20] H.J. Kraus, Psalmen 2. Teilband (BK.AT XV/2), Neukirchen 1960, 751; E. Zenger, a.a.O. 126ff.

[21] Schon im Schöpfungsbericht ist sie festgestellt (1,28: Unterwerfung der Erde, 1,29f.: Zuweisung der Nahrung). Die sogenannten Rachepsalmen »decken das Gewaltpotential als Realität menschlichen Zusammenlebens auf«, E. Zenger, a.a.O. 162.

[22] E. Zenger, a.a.O. 80.

[23] W. Dietrich, Rache. Erwägungen zu einem alttestamentlichen Thema: EvTh 36, 1976, 450–472, 464f.469.

[24] L. Ruppert, a.a.O. 153.

[25] D.G. Wildeboer, Die Sprüche (KHC XV), Freiburg 1897, 75.

[26] H. Ringgren, Sprüche (ATD 16), Göttingen [2]1967, 103.

[27] M. Noth, Das zweite Buch Mose. Exodus (ATD 5), Göttingen [4]1968, 153.

[28] G. Braulik, Deuteronomium II 16,18–34,12 (NEB), Würzburg 1992, 160.

[29] So G. Barbiero, L'asino del nemico. Rinuncia alla vendetta e amore del nemico nella legislatione dell' Antico Testamento (Es 23,4–5; Dt 22,1–4; Lv 19,12–18) (An Bib 128), Roma 1991.

[30] G. Barbiero, a.a.O. 125.

Neues Testament

A. Der historische, politische und kulturelle Kontext (S. 57–65)

[1] Einen informativen Überblick über die antiken Religionen bietet : D. Zeller, Christus unter den Götter. Zum antiken Umfeld des Christusglaubens, Stuttgart 1993; umfassend informiert: H.-J. Klauck, Die religiöse Umwelt des Urchristentums (Studienbücher Theologie 9), 2 Bde., Stuttgart 1995/1996; eine Quellensammlung zu fast allen Bereichen bietet: C.K. Barrett /C.J. Thornton (Hg.), Texte zur Umwelt des Neuen Testaments (UTB 1591), Tübingen [2]1991.

[2] Das konzentrische Modell speist sich aus ethnologischen und soziologischen Forschungen der dreißiger und vierziger Jahre des 20. Jahrhunderts und ist nicht ideologiefrei. Die Familie wird dabei als innerer Ring gesehen, um den sich je fremdere Ringe legen bis zum Bereich der völligen Fremdheit.

[3] Zitiert nach: H.-J. Klauck, Die antike Briefliteratur und das Neue Testament (UTB 2022), Paderborn 1998, 75; auf den Seiten 75–79 werden die Gattung Empfehlungsschreiben und ihre Parallelen in neutestamentlicher Literatur vorgestellt.

[4] W. A. Meeks, Urchristentum und Stadtkultur. Die soziale Welt der paulinischen Gemeinden, Gütersloh 1993, 40. Ein Klassiker und gewiß nicht fehlerlos und bisweilen antiquiert, aber immer noch mit Gewinn und Vergnügen zu lesen, ist: L. Friedländer, Darstellung der Sittengeschichte Roms in der Zeit von Augustus bis zum Ausgang der Antonine, 2 Bde., Leipzig [7]1901 (zahlreiche Reprints). Einen sehr sorgfältigen Einblick in die nicht konfliktfreie Wirklichkeit bietet: A. Dihle, Die Griechen und die Fremden, München 1994; lesens-

wert für die gesamte Thematik sind die Sammelbände von: A. Demandt (Hg.), Mit Fremden leben. Eine Kulturgeschichte von der Antike bis zur Gegenwart, München 1995; M. Schuster (Hg.), Begegnung mit dem Fremden. Wertungen und Wirkungen in Hochkulturen vom Altertum bis zur Gegenwart (Colloquium Rauricum 4), Stuttgart/Leipzig 1996.

5 Vgl. Meeks, Urchristentum, 43–46.

6 Eine Wahrnehmung aus anderer Sicht legt vor: K. Wengst, Pax Romana. Anspruch und Wirklichkeit, München 1986; daß seine Darstellung des Lukas als »Römerknecht« gewiß falsch ist, ist zwar ärgerlich, mindert den Wert der Darstellung »von unten« aber nicht grundsätzlich.

B. Die zwischentestamentarische Zeit des Judentums - Die Psalmen Salomos als Beispiel (S. 67–76)

1 Mit dem Buch von: J. Maier, Zwischen den Testamenten. Geschichte und Religion in der Zeit des Zweiten Tempels (NEB. AT E 3), Würzburg 1990 liegt eine überaus profunde Einführung in diese für Juden und Christen zentrale Epoche vor. Dank der Werke des jüdischen Historikers Josephus Flavius (37/38 n. Chr.– nach 100) ist es möglich, sich ein recht lebendiges Bild von den Ereignissen zu machen. Daß die »Antiquitates«, eine jüdische Universalgeschichte, gewiß nicht unparteiisch objektiv geschrieben wurde, ist zu beachten, unterscheidet es aber auch nicht von anderen historischen Werken irgendeiner Zeit.

2 Auf Spezialliteratur weist: Maier, Testamenten, 70 hin. Vgl. auch: G. W. E. Nickelsburg, Jewish Literature between the Bible and the Mishnah. A historical and literary Introduction, Philadelphia [2]1987, 203–212. Weiterhin wurden hier folgende Artikel besonders berücksichtigt: P.N. Franklyn, The cultic and pious climax of eschatology in the Psalms of Solomon, Journal for the Study of Judaism 18 (1986) 1–17; R. R. Hann, The community of the pious: The social setting of the Psalms of Solomon, Studies in Religion 17 (1988) 169–189.

3 Die Übersetzungen folgen weitgehend S. Holm-Nielsen, Die Psalmen Salomos (JSHRZ 4,2), Gütersloh 1977; hier findet sich auch weiterführende Literatur.

C. Der Bote des freundlichen, nahenden Reiches Gottes Jesus von Nazaret und die Jesusüberlieferung (S. 77–94)

1 Literatur zu Jesus von Nazaret anzugeben wäre gewiß ein leichtes Unterfangen, wenn der Quantität die Qualität entspräche. Da dem leider nicht so ist, eignet jedem Vorschlag der Mangel, eine andere gute Untersuchung nicht zu erwähnen. Daher hier nur zwei Hinweise: R. Heiligenthal, Der verfälschte Jesus. Eine Kritik moderner Jesusbilder, Darmstadt 1997; dieses Bändchen kann einen vor manchen Torheiten bewahren. Von anderer Anlage ist: G. Theißen/A. Merz, Der historische Jesus. Ein Lehrbuch, Göttingen 1996; dieses Buch bietet eine erschöpfende Fülle an Literatur und Informationen und ist zugleich eine Einladung zu einer weiteren Lektüre.

2 Vgl. Th. Söding, Das Gleichnis vom Festmahl (Lk 14,16–24 par Mt 22,1–10). Zur ekklesiologischen Dimension der Reich-Gottes-Verkündigung Jesu, in: R. Kampling/Th. Söding (Hg.), Ekklesiologie des Neuen Testaments (FS K. Kertelge), Freiburg 1996, 56–84.

3 Die These von: J. D. Crossan, Wer tötete Jesus? Die Ursprünge des christlichen Antisemitismus in den Evangelien, München 1999 (engl. Original 1995), es habe keine Beteiligung Jerusalemer Instanzen an der Festsetzung und am Prozeß Jesu gegeben, vielmehr handele es sich bei dieser Darstellung bereits um einen anfänglichen Antijudaismus, leidet allerdings daran, daß es ihm nicht gelingt nachzuweisen, was an der Praxis Jesu die Römer allein veranlaßt haben könnte, gegen Jesus vorzugehen.

4 Vgl. zu dieser Rekonstruktion: R. Kampling, Das Sterben des armen Juden aus Nazaret, in: Ders. (Hg.), Der Tod ist groß ... Theologische, philosophische und kulturwissenschaftliche Beiträge zum Todesverstehen der Gegenwart, Berlin 2000, im Druck.

5 Hierbei ist die Intention Jesu nicht von Bedeutung, sondern die mögliche Rezeption durch die, die sich von ihr angegriffen fühlten.

6 Daß die Worte im Kern auf Jesus zurückgehen, ist Konsens.

7 Bei dieser Bewertung wird eine idealtypische Sprechsituation vorausgesetzt. Es sei hier nur an die PsSal erinnert, für die diese Aussage gewiß unüberzeugend gewesen wäre.

[8] Vgl. M. Reiser, Die Gerichtspredigt Jesu. Eine Untersuchung zur eschatologischen Verkündigung Jesu und ihrem frühjüdischen Hintergrund (NTA 23), Münster 1990.

[9] Unter Heiligen Männern versteht man Charismatiker der protorabbinischen Zeit, die Wunder wirkten und durch persönliches Beispiel lehrten. Sie lebten in einer zeitlichen und räumlichen Nähe Jesu, mit dem sie auch ein gewisses Desinteresse an Gesetzesfragen teilten.

[10] Auch heutige Versuche, die Wundertaten verständlich zu machen, operieren ähnlich. So ist es durchaus nicht ungewöhnlich, Besessenheit als psychische Erkrankung zu deuten oder von psychosomatischen Erscheinungen auszugehen, die von Jesus geheilt worden seien. Befremdlicherweise wird dabei suggeriert, Jesus habe nicht an die Existenz von Dämonen geglaubt, sondern die psychische Ursache erkannt und therapiert. Daß bei diesem Unsinn Jesus auch noch unterstellt wird, er habe die Zu-Heilenden in Unwissenheit über ihre wahre Krankheit gelassen, wirft ein bezeichnendes Licht auf die Jesusvorstellung und den Grad der Zumutung.

[11] Vgl. R. Kampling, Jesus von Nazareth – Lehrer und Exorzist, in: BZ 30 (1986), 237–248.

[12] Das Argument der Gegner, die Taten seien dämonischen Ursprungs, war bis in die Neuzeit hinein ein Argument der christlichen Apologetik, um nichtchristliche Wunder zu erklären.

[13] Ein Text kann demnach immer ein größeres Sinnpotential transportieren und freisetzen, als es in der Ursprungssituation möglich war.

[14] Für Lukas scheint der Text nicht so gewichtig, als daß er Jesus zum Sprecher gemacht hätte.

[15] Gemeinhin wird angenommen, der Text sei jesuanischen Ursprungs. Gestalt, Erzählform und Vokabular verweisen freilich eher auf Lukas als Autor.

[16] Belege für aktive Hilfe für Nichtgemeindemitglieder in der Spätantike sind kaum zu finden. Sie werden von christlichen Autoren als Ausnahme angeführt.

[17] Dementsprechend umfangreich ist die Literatur: Vgl. dazu nur U. Luz, Das Evangelium nach Matthäus (EKK I/3) 1997, 515–516.

[18] H. Frankemölle, Matthäuskommentar Bd. 2, Düsseldorf 1997, 427f.; trotz dieser klaren Aussage meint Frankemölle, die Rezipienten hätten sich an andere Stellen erinnert, die ebenfalls eine universelle Konnotation des Bruderbegriffs zugelassen hätten. Allerdings erklärt er nicht, wie es zu dieser Reflexion gekommen sein soll, wenn der Begriff eindeutig in seinem spezifischen Gebrauch war.

[19] Allerdings wird man die Frage stellen müssen, ob nicht die Funktionalisierung eines Bibeltextes stattfindet. Insbesondere wenn ein Text wie der vom Weltengericht auch noch mit einem gewissen moralischen Impetus vorgetragen wird, besteht durchaus die Gefahr, daß er ins Gegenteil umschlägt. Zu wenig wird dabei an die gedacht, die sich in den Werken der Barmherzigkeit mühen, aber dennoch keine geglückte Erfahrung der Begegnung gemacht haben. Was ist dann mit dem zu schnellen Wort von der Begegnung mit Jesus im Nächsten? Der Gebrauch solcher theologisch nicht einfach zu fassenden Aussagen muß auch die Möglichkeit der Negation mitbedenken, wenn es verantwortliche Rede sein will.

D. Heimisch in der Fremde – Zur Situation der frühen Gemeinden (S. 95–104)

[1] Hier sei eine Auswahl von Literatur angegeben, in der wiederum auf weiterführende Literatur verwiesen wird: M. Blum, »Es gibt nicht mehr Juden und Griechen, nicht Sklaven und Freie, nicht Mann und Frau« (Gal 3,28). Zur sozialen Welt des frühen Christentums, in: A. Hölscher/R. Kampling (Hg.), Glaube in Welt, Berlin 1999, 29–54; H. Frankemölle. 1. und 2. Petrusbrief (NEB) Würzburg 1987; J. Gnilka, Die frühen Christen: Ursprünge und Anfang der Kirche, Freiburg 1999; R. Kampling, Fremde und Fremdsein in Aussagen des Neuen Testaments, in: O. Fuchs (Hg.), Der Fremde, Düsseldorf 1988 (Theologisches zur Zeit 4), 215–239. L. Schottroff, Lydias ungeduldige Schwestern. Feministische Sozialgeschichte des frühen Christentums. Gütersloh ^{2}1996; Th. Söding, Blick zurück nach vorn. Bilder lebendiger Gemeinden im Neuen Testament, Freiburg 1997; E. W. u.W. Stegemann, Urchristliche Sozialgeschichte. Die Anfänge im Judentum und die Christusgemeinden in der mediterranen Welt, Stuttgart ^{2}1997; A. Weiser, Miteinander Gemeinde werden. Sachbuch zum Neuen Testament und zum kirchlichen Leben heute, Stuttgart 1987.

Literaturverzeichnis

(außer Kommentaren und Beiträgen in Wörterbüchern bzw. Lexika)

Altes Testament

Albertz, R., Religionsgeschichte Israels in alttestamentlicher Zeit 1 (ATD Ergänzungsreihe 8/1), Göttingen 1992.

Barbiero, G., L'asino del nemico. Rinuncia alla vendetta e amore del nemico nella legislatione dell' Antico Testamento (Es 23, 4–5; Dt 22, 1–4; Lv 19, 12–18) (An Bib 128), Roma 1991.

Bertholet, A., Die Stellung der Israeliten und der Juden zu den Fremden, Freiburg und Leipzig 1896.

Beyerlin, W., Die Rettung der Bedrängten in den Feindpsalmen des Einzelnen auf institutionelle Zusammenhänge untersucht (FRLANT 99), Göttingen 1970.

Birkeland, H., Die Feinde des Individuums in der israelitischen Psalmenliteratur, Oslo 1933.

Bultmann, Chr., Der Fremde im antiken Juda. Eine Untersuchung zum sozialen Typenbegriff *ger* und seinem Bedeutungswandel in der alttestamentlichen Gesetzgebung (FRLANT 153), Göttingen 1992.

Fichtner, J., Der Begriff des »Nächsten« im Alten Testament, in: ders., Gottes Weisheit (Ath II/3), Stuttgart 1965, S. 88–114.

Keel, O., Feinde und Gottesleugner (SBM 7), Stuttgart 1969.

Kraus, H. J., Theologie der Psalmen (BK. AT XV/3), Neukirchen 1979.

Lohfink, N. (Hg.), Gewalt und Gewaltlosigkeit im Alten Testament (QD 96), Freiburg 1983.

Mathys, H.-P., Liebe Deinen Nächsten wie Dich selbst. Untersuchungen zum Alttestamentlichen Gebot der Nächstenliebe (OBO 71), 1986.

Otto, E., Theologische Ethik des Alten Testaments, Stuttgart 1999.

Ramírez Kidd, J. E., Alterity und Identity in Israel. The »*ger*« in the Old Testament (BZAW 283), Berlin/NY 1999.

Schmidt, H., Das Gebet der Angeklagten im Alten Testament (BZAW 99), Berlin 1928.

Schreiner, J., Theologie des Alten Testaments (Ergänzungsband 1 zum Alten Testament), Würzburg 1995.

Spicq, C., Die Nächstenliebe in der Bibel (BB 3), 1961.

Zenger, E., Ein Gott der Rache? Feindpsalmen verstehen, Freiburg 1994.

Neues Testament

Benad, M. u. a. (Hrsg.), Annäherungen an das Heilige: Gottesliebe und Nächstenliebe in den Religionen. Stuttgart 1999.

Colpe, C., Das Siegel der Propheten: historische Beziehungen zwischen Judentum, Judenchristentum, Heidentum und frühem Islam, Berlin (Arbeiten zur neutestamentlichen Theologie und Zeitgeschichte Bd. 3) 1990.

Ebersohn, M., Das Nächstenliebegebot in der synoptischen Tradition Marburg (Marburger theologische Studien 37) 1993.

Feldmeier, R. und Heckel, U. (Hrsg.), Die Heiden: Juden, Christen und das Problem des Fremden , Tübingen (Wissenschaftliche Untersuchungen zum Neuen Testament 70) 1994.

Koenig, J., New Testament hospitality: partnership with strangers as promise and mission Philadelphia 1985.

Meeks, W. A.: Urchristentum und Stadtkultur. Die soziale Welt der paulinischen Gemeinden. München 1993.

Piper, J., »Love your enemies«: Jesus' love command in the Synoptic Gospels and in the early Christian paraenesis; a history of the tradition and interpretation of its uses, Grand Rapids [2]1992.

Puzicha, M., Christus peregrinus: die Fremdenaufnahme (Mt 25,35) als Werk der privaten Wohltätigkeit im Urteil der Alten Kirche. Münster (Münsterische Beiträge zur Theologie 47) 1980.

Wander, B., Gottesfürchtige und Sympathisanten : Studien zum heidnischen Umfeld von Diasporasynagogen, Tübingen (Wissenschaftliche Untersuchungen zum Neuen Testament 104) 1992.

Abkürzungsverzeichnis

Alttestamentliche Bücher

Gen	Genesis
Ex	Exodus
Lev	Levitikus
Num	Numeri
Dtn	Deuteronomium
Jos	Josua
Ri	Richter
Rut	Rut
1 Sam	1 Samuel
2 Sam	2 Samuel
1 Kön	1 Könige
2 Kön	2 Könige
1 Chr	1 Chronik
2 Chr	2 Chronik
Esra	Esra
Neh	Nehemia
Tob	Tobit
Jdt	Judit
Est	Ester
1 Makk	1 Makkabäer
2 Makk	2 Makkabäer
Ijob	Ijob
Ps	Psalmen
Spr	Sprichwörter
Koh	Kohelet
Hld	Hoheslied
Weish	Weisheit
Sir	Jesus Sirach
Jes	Jesaja
Jer	Jeremia
Klgl	Klagelieder
Bar	Baruch
Ez	Ezechiel
Dan	Daniel
Hos	Hosea
Joël	Joël
Am	Amos
Obd	Obadja
Jona	Jona
Mi	Micha
Nah	Nahum
Hab	Habakuk
Zef	Zefanja
Hag	Haggai
Sach	Sacharja
Mal	Maleachi

Neutestamentliche Bücher

Mt	Matthäus
Mk	Markus
Lk	Lukas
Joh	Johannes
Apg	Apostelgeschichte
Röm	Römerbrief
1 Kor	1. Korintherbrief
2 Kor	2. Korintherbrief
Gal	Galaterbrief
Eph	Epheserbrief
Phil	Philipperbrief
Kol	Kolosserbrief
1 Thess	1. Thessalonicherbrief
2 Thess	2. Thessalonicherbrief
1 Tim	1. Timotheusbrief
2 Tim	2. Timotheusbrief
Tit	Titusbrief
Phlm	Philemonbrief
Hebr	Hebräerbrief
Jak	Jakobusbrief
1 Petr	1. Petrusbrief
2 Petr	2. Petrusbrief
1 Joh	1. Johannesbrief
2 Joh	2. Johannesbrief
3 Joh	3. Johannesbrief
Jud	Judasbrief
Offb	Offenbarung des Johannes

Sonstige Abkürzungen

AnBib	=	Analecta Biblica
ATD	=	Das Alte Testament Deutsch
ATh	=	Arbeiten zur Theologie
BHH	=	Biblisch-Historisches Handwörterbuch
BK.AT	=	Biblischer Kommentar. Altes Testament
BZAW	=	Beihefte zur Zeitschrift für die Alttestamentliche Wissenschaft
Ev Th	=	Evangelische Theologie
FRLANT	=	Forschungen zur Religion und Literatur des Alten und Neuen Testaments
FS	=	Festschrift
HAT	=	Handbuch zum Alten Testament
JRP	=	Jahrbuch der Religionspädagogik
KBL^3	=	Hebräisches und Aramäisches Lexikon zum Alten Testament, 3. Auflage
KHC	=	Kurzer Hand-Commentar zum Alten Testament
NBL	=	Neues Bibel-Lexikon
NEB	=	Die Neue Echter Bibel
OBO	=	Orbis Biblicus et Orientalis
QD	=	Quaestiones Disputatae
SBM	=	Stuttgarter Biblische Monographien
THAT	=	Theologisches Handwörterbuch zum Alten Testament
ThWAT	=	Theologisches Wörterbuch zum Alten Testament
ThWNT	=	Theologisches Wörterbuch zum Neuen Testament
S.VT	=	Vetus Testamentum. Supplement